从零开始学法律

杜绮琪 郑婷婷 —— 著

妇女法律常识88问

中国法制出版社
CHINA LEGAL PUBLISHING HOUSE

一、工作入职

第1问
用人单位拒绝录用女性合法吗? _003

第2问
面试时用人单位要求填写是否怀孕或正在备孕的信息合法吗? _005

第3问
用人单位可以随意约定试用期吗? _007

第4问
用人单位可以要求女职工入职后1年内不能怀孕吗? _009

第5问
试用期怀孕,用人单位以不符合录用条件为由解除劳动合同合法吗? _010

第6问
法律对试用期的劳动者有哪些保护? _012

第7问
劳动合同中工作地点的约定有何风险? _014

第 8 问
用人单位在入职时要求签订服务期协议并约定违约金合法吗？ _016

第 9 问
入职时用人单位不签订书面劳动合同合法吗？ _019

第 10 问
入职时使用他人身份证件有哪些法律风险？ _021

二、三期保护

第 11 问
生育津贴和产假工资可以同时享受吗？ _025

第 12 问
用人单位在女职工产假期间仅发放基本工资合法吗？ _026

第 13 问
产假结束后，用人单位称没有岗位了，女职工如何维护自己的权益？ _027

第 14 问
用人单位扣除产检当天工资合法吗？ _029

第 15 问
女职工生育可以享受多少天产假，包含休息日和法定节假日吗？ _031

第 16 问
怀孕期间身体不适，可以要求提前休产假吗？ _033

第 17 问
产假期间，用人单位可以要求提前返岗吗？ _035

目录

第 18 问
休完产假后还可以休带薪年假吗? _037

第 19 问
用人单位拖欠产假工资时怎么办? _038

第 20 问
未婚生育可以休产假和领取生育津贴吗? _040

第 21 问
怀孕期间被用人单位开除,可以向用人单位主张产假工资的损失吗? _042

第 22 问
怀孕期间被用人单位调岗降薪应如何维权? _044

第 23 问
女职工怀孕流产时可以享受产假吗? _046

第 24 问
哺乳期孩子生病需要照顾可否申请带薪休假? _047

三、工资社保

第 25 问
试用期用人单位不给劳动者缴纳社保合法吗? _051

第 26 问
"三八"妇女节用人单位没有给女职工放假,需要向女职工支付加班费吗? _053

第 27 问
工作日工作时间超过 8 小时，用人单位是否应当支付加班费？ _054

第 28 问
用人单位安排加班后，可以用补休代替支付加班费吗？ _056

第 29 问
用人单位要求劳动者在"自愿放弃参加社保申请书"上签名合法吗？ _058

第 30 问
用人单位未足额缴纳社会保险导致生育津贴待遇降低时怎么办？ _060

第 31 问
工作时间在工作场所卫生间摔倒受伤是否应当认定为工伤？ _062

第 32 问
上下班途中发生交通事故，能否在享受工伤保险待遇的同时要求第三人赔偿？ _064

第 33 问
突发疾病抢救超过 48 小时后死亡，可以被认定为工伤吗？ _066

四、劳动合同的解除与终止

第 34 问
产假期间劳动合同到期，用人单位可以终止劳动关系吗？ _071

第 35 问
女职工怀孕期间用人单位宣布解散时怎么办？ _074

目录

第36问
劳动合同到期,劳动者不想续签可以要求用人单位支付经济补偿吗? _075

第37问
被用人单位口头开除怎么办? _077

第38问
用人单位以员工怀孕不能胜任工作为由解除劳动合同合法吗? _079

第39问
在个体工商户工作时被无理由开除可以申请劳动仲裁吗? _081

第40问
劳动合同到期后继续工作(用人单位没有续签劳动合同),后期用人单位突然通知终止劳动关系合法吗? _083

第41问
劳动合同到期终止时可以要求公司支付经济补偿吗? _085

第42问
女性"三期"期间,用人单位是否任何情况下都不能解除劳动合同? _087

第43问
用人单位采用绩效考核末位淘汰制度合法吗? _088

第44问
用人单位不给开具离职证明怎么办? _090

五、特殊保护

第 45 问
女职工怀孕期间用人单位安排出差的，可以拒绝吗？ _093

第 46 问
遭遇职场性骚扰时如何维护自己的合法权益？ _095

第 47 问
怀孕初期赶上用人单位装修，为了胎儿安全可以拒绝到装修完的地点办公吗？ _097

第 48 问
经期身体不适可以申请休假吗？ _099

六、恋爱结婚

第 49 问
男女恋爱期间，男方发给女方的节日红包在分手后能要回去吗？ _103

第 50 问
男女恋爱后分手，女方可以向男方索要"青春损失费"吗？ _105

第 51 问
男女恋爱期间共同购买的汽车分手时归谁所有？ _106

第 52 问
男女双方一直以夫妻名义共同生活时，属于受法律保护的夫妻吗？ _107

第 53 问
夫妻关系存续期间要求丈夫签订的忠诚协议有效吗？ _109

第 54 问
丈夫对妻子实施家庭暴力,妻子该如何维护自己的合法权益? _111

第 55 问
女方收了彩礼后,如果分手或离婚,彩礼需要返还吗? _114

七、夫妻离婚

第 56 问
协议离婚与诉讼离婚有哪些区别? _119

第 57 问
只要向法院起诉离婚就一定能离成吗? _122

第 58 问
一审诉讼判决不准离婚该怎么办? _124

第 59 问
想和丈夫离婚并分割夫妻共同财产,但不知道丈夫的财产情况又怕财产被转移时该怎么办? _126

第 60 问
丈夫对妻子实施家暴,妻子可以在离婚时要求丈夫赔偿吗? _128

八、夫妻财产

第 61 问
夫妻在婚姻关系存续期间的哪些财产属于共同财产? _133

第62问
订婚后，女方父母出资买房并登记在女方名下，该房产是属于女方的个人财产还是夫妻共同财产？　　135

第63问
婚后男女双方可以协议"AA制"吗？　　137

第64问
离婚时家庭主妇能分割男方赚钱买的房子吗？　　138

第65问
男方婚前或离婚时承诺将个人所有房屋的房产证加上女方的名字，又反悔的，女方可以要求继续加名吗？　　139

第66问
房子由男方在婚前支付首付且登记在男方名下，婚后共同偿还贷款的，离婚时该房产如何分割？　　141

第67问
离婚时，女方在婚内以夫妻共同财产为自己和男方购买的保险应如何分割？　　143

第68问
女方能在离婚时要求男方给予离婚经济补偿吗？　　145

第69问
男方的债务，女方一定要共同偿还吗？　　147

第70问
男方瞒着女方卖掉双方婚后购买的房产，女方可以把房产要回来吗？　　149

第71问
男方基于婚外情赠与第三者的钱、车、房等，女方可以要求返还吗？ _151

九、子女抚养

第72问
我赚的钱没有丈夫多，如起诉离婚，法官会把孩子抚养权判给我吗？ _155

第73问
孩子抚养权归我，前夫要支付抚养费吗？抚养费的数额和期限如何确定？ _159

第74问
孩子抚养权给了前夫，我还是监护人吗？ _161

第75问
前夫获得孩子抚养权后不准我见孩子，我可以怎么办？ _163

第76问
前夫对孩子抚养不得当，我可以要回抚养权吗？ _164

第77问
离婚后，我能独自将孩子的户口从前夫处迁至我处并让孩子跟我姓吗？ _165

十、财产继承

第78问
我是女儿就要少分或者不分遗产吗？ _169

第79问
继承得来的财产一定属于夫妻共同财产吗？ _171

第80问
我在丈夫去世后精心照顾公婆，公婆去世后我可以分得公婆的遗产吗？ _173

第81问
丈夫先于公婆去世，公婆去世后，我的孩子能继承公婆的遗产吗？ _174

第82问
我丈夫婚外情生下的子女也能分丈夫的遗产吗？ _176

第83问
丈夫去世前订立遗嘱由第三者继承其全部遗产，该遗嘱有效吗？ _177

十一、其他权利

第84问
丈夫要求我只能在家照顾孩子，不准我外出工作，合法吗？ _181

第85问
我怀孕后丈夫要求打胎，如我不同意就要我赔偿，丈夫的要求合法吗？ _182

目录

第86问
分娩时,丈夫家人不同意我打无痛,我可以拒绝吗?   _183

第87问
外嫁女还能享受村里的宅基地使用权吗?   _185

第88问
集体组织收益中的土地拆迁款只分给男性不分给女性合法吗?   _186

一、工作入职

作为女性劳动者,您是否认为用人单位只招聘男性是没有问题的?您是否认为入职时谈好工资和福利待遇就万事大吉了?您是否认为用人单位要求扣押身份证或者缴纳押金都是正常操作?您是否还认为用人单位可以任意约定试用期?

其实,《劳动法》《劳动合同法》等法律法规都站在保护劳动者的角度,针对这些问题设置了相应的条款,对用人单位的权利进行了限制和约束,同样也规定了相应的法律后果。

一、工作入职

第1问

用人单位拒绝录用女性合法吗？

用人单位在招聘时明确仅招男性，或者以性别为由拒绝录用女性的，属于性别歧视，一般情况下是不合法的行为，涉及对女性平等就业权利的侵害。根据《劳动法》《就业促进法》《妇女权益保障法》等法律法规、部门规章的规定，女性劳动者依法享有与男性平等的就业权利，用人单位在招用人员时，不得以性别为由拒绝录用女性劳动者或者提高对女性劳动者的录用标准。但用人单位对一些特殊的工种或者岗位在招聘时明确不录用女性的，不属于侵害女性劳动者就业权利的行为，反而是对女性劳动者的特殊保护，如在矿山井下作业的工作、搬运重物的工作、建筑工地的重体力劳动等。

女性在遭遇就业性别歧视时，可以运用法律维护自身的合法权益。因为此时还未与用人单位建立劳动关系，所以就业歧视案件不属于劳动争议，不能申请劳动仲裁，但可以直接向人民法院起诉。

例如，已经取得中式烹调师三级证书的梁女士看到某公司在某招聘网站发布招聘厨房学徒的广告,便到该公司指定的面试地点填写了入职申请表,但在填写完申请表后,公司以厨房学徒已经招满为由,未对梁女士进行面试。几天后,梁女士发现该公司又在相同网站发布了招聘信息,仍然招聘厨房学徒,但这一次明确只招男性。梁女士遂到该公司与工作人员沟通,工作人员表示"厨房学徒不要女的""厨房里没有女工,都是男的""公司规定厨房不招女工,即便有厨师证也不行"。梁女士认为该公司的行为侵害其平等就业权,诉至法院,要求该公司公开书面赔礼道歉;赔偿其因应聘产生的经济损失21元(包括交通费20元及电话费1元);赔偿其精神损害抚慰金40800元。法院经审理认为,梁女士应聘的厨房学徒工作强度并未达到第四级体力劳动的强度,也不存在需要持续负重或负重强度过大的情形,故不属于不适合女性从事的劳动范围。被告公司在发布招聘广告中明确要求求职者性别为男性,在梁女士前往面试时未提供平等的面试机会,已经构成对女性应聘者的区别及排斥,侵犯了梁女士的平等就业权。最终判决被告公司向梁女士赔偿精神损害抚慰金2000元。

一、工作入职

第2问

面试时用人单位要求填写是否怀孕或正在备孕的信息合法吗？

《妇女权益保障法》第43条规定，用人单位在招录（聘）过程中，除国家另有规定外，不得实施下列行为：（1）限定为男性或者规定男性优先；（2）除个人基本信息外，进一步询问或者调查女性求职者的婚育情况；（3）将妊娠测试作为入职体检项目；（4）将限制结婚、生育或者婚姻、生育状况作为录（聘）用条件；（5）其他以性别为由拒绝录（聘）用妇女或者差别化地提高对妇女录（聘）用标准的行为。

教育部、司法部等九部门《关于进一步规范招聘行为促进妇女就业的通知》中明确，各类用人单位在拟定招聘计划、发布招聘信息、招用人员过程中，不得询问妇女婚育情况，不得将妊娠测试作为入职体检项目，不得将限制生育作为录用条件，不得差别化地提高对妇女的录用标准。

虽然依据《劳动合同法》第8条的规定，用人单位有权了解劳动者与劳动合同直接相关的基本情况。但除应聘岗位的工作环境或者工作强度不利于备孕或者怀孕的情况外,是否正在备孕以及是否怀孕都是女性的自由及个人隐私,用人单位不能强行要求应聘的女性告知,更不能以未告知此情况为由拒绝录用女性劳动者。

综上,用人单位在面试时要求女性应聘者填写是否正在备孕或者怀孕的信息,属于违法行为。

一、工作入职

第 3 问

用人单位可以随意约定试用期吗？

不可以。《劳动合同法》第19条规定，劳动合同期限3个月以上不满1年的，试用期不得超过1个月；劳动合同期限1年以上不满3年的，试用期不得超过2个月；3年以上固定期限和无固定期限的劳动合同，试用期不得超过6个月。同一用人单位与同一劳动者只能约定一次试用期。以完成一定工作任务为期限的劳动合同或者劳动合同期限不满3个月的，不得约定试用期。试用期包含在劳动合同期限内。劳动合同仅约定试用期的，试用期不成立，该期限为劳动合同期限。第70条规定，非全日制用工双方当事人不得约定试用期。具体可参见表1-1。

表1-1 劳动合同期限与试用期的关系

劳动合同期限（X）	试用期（Y）
任务合同，X＜3个月，非全日制用工	Y＝0
3个月≤X＜1年	Y≤1个月
1年≤X＜3年	Y≤2个月
X≥3年，无固定期限	Y≤6个月

用人单位如果违反法律规定约定试用期，将承担怎样的法律责任呢？

首先，如果只签订了试用期合同，试用期合同将被视为劳动合同，这意味着几个月后第一份劳动合同到期时，用人单位需要主动续签第二份劳动合同，如果用人单位不续签，依据《劳动合同法》第46条第5项的规定，需要向劳动者支付经济补偿。

其次，用人单位超出法律规定期限约定试用期时，如果该试用期还未履行完毕，则劳动者可以向劳动行政部门投诉，劳动行政部门将要求其进行整改；如果相应的试用期已经履行完毕，依据《劳动合同法》第83条的规定，由用人单位以劳动者试用期满月工资为标准，按已经履行的超过法定试用期的期间向劳动者支付赔偿金。

最后，用人单位违法多次约定试用期或者延长试用期的，用人单位同样需要按照《劳动合同法》第83条的规定向劳动者支付赔偿金。

一、工作入职

第 4 问

用人单位可以要求女职工入职后1年内不能怀孕吗？

《就业服务与就业管理规定》第16条第2款规定，用人单位录用女职工，不得在劳动合同中规定限制女职工结婚、生育的内容。因此，用人单位不能以任何方式限制女职工生育。但现实中确有女性求职者在入职时被要求承诺在一定时期内不能怀孕，并且签订了具有相应条款的劳动合同或者单独的协议。很多女性担心如果签订了类似的合同或者协议再怀孕会构成违约，用人单位会因此解除劳动合同。其实不用担心，因为类似在一定时期内保证不怀孕或者不生育的条款或者协议在法律上侵害了女性的生育权，属于无效条款。无论用人单位在此条款上设置了什么后果均属无效。用人单位不能基于无效的条款解除劳动合同，更不能因为女职工怀孕而解除劳动合同，这两种行为都属于违法解除劳动合同，用人单位需要承担相应的赔偿责任。

第5问

试用期怀孕，用人单位以不符合录用条件为由解除劳动合同合法吗？

这个问题涉及两个关键词：一是试用期，二是怀孕。根据《劳动合同法》第21条和第39条的规定，劳动者如果在试用期被证明不符合录用条件，用人单位可以解除劳动合同。《劳动合同法》第42条对怀孕女职工的保护是指在无过失性辞退和经济性裁员的情况下，用人单位不能解除劳动合同。综合上述规定来看，针对试用期怀孕的女职工，用人单位是可以以试用期不符合录用条件为由解除劳动合同的。

但怀孕这个事实本身并不属于不符合录用条件的情形。换句话说，如果用人单位把怀孕认定为不符合录用的条件，就一定是违法的。而如果用人单位认为怀孕女职工在其他方面不符合录用条件，则应当提供证据证明。

女性朋友遇到此类问题时，先要分析自己是否真的属于不符合录用条件的情形，还是怀孕只是用人单位随便找的一个理由。可以从以下几个方面判断用人单位解除劳动合同的行为是

一、工作入职

否合法：（1）双方是否约定了试用期，约定的试用期是否合法；（2）用人单位在解除劳动合同时，有没有书面告知是因为试用期不符合录用条件解除劳动合同的；（3）用人单位在入职时是否发送过录用条件；（4）用人单位发送的录用条件是否大部分清晰明确、可以量化；（5）用人单位是否在试用期结束前进行了相关考核，考核结果是否客观；（6）用人单位是否系在试用期届满前提出解除劳动合同。

如果以上问题的答案都是否定的，而且用人单位已经发出了书面的解除劳动合同通知，便可以准备材料，申请劳动仲裁，要求用人单位支付违法解除劳动合同的赔偿金，或者要求用人单位继续履行劳动合同。

如果以上问题的答案都是肯定的，则用人单位可以依据《劳动合同法》第39条的规定合法解除劳动合同，并且不用支付经济补偿。

第6问

法律对试用期的劳动者有哪些保护？

试用期一般是用人单位用来进一步了解劳动者实际工作能力的期间，一般这期间的劳动报酬和相关福利待遇都低于转正后。由于用人单位在建立劳动关系时一般处于主导和强势地位，故有的用人单位会随意约定试用期、随意支付劳动报酬、随意解除劳动合同，导致劳动者的合法权益受到损害。因此，法律针对试用期的劳动者设置了一定的保护，具体体现在以下几个方面。

1. 工资保护。《劳动合同法》第20条规定，劳动者在试用期的工资不得低于本单位相同岗位最低档工资或者劳动合同约定工资的80%，并不得低于用人单位所在地的最低工资标准。

2. 工时保护。试用期员工与正式员工一样，依据《劳动法》第36条的规定，工作时间不能超过法定工作时间，即每日不超过8小时、平均每周不超过44小时。

3. 社会保险保护。根据《社会保险法》第58条第1款的规定，用人单位应当自用工之日起30日内为试用期员工向社会保险经办机构申请办理社会保险登记并缴纳社会保险。

一、工作入职

4.解雇保护。根据《劳动合同法》第21条的规定,试用期的员工除非有《劳动合同法》第39条和第40条第1、2项规定的特殊情形,否则用人单位不能随意解雇。特殊情形主要包括:(1)在试用期间被证明不符合录用条件的;(2)严重违反用人单位的规章制度的;(3)严重失职,营私舞弊,给用人单位造成重大损害的;(4)劳动者同时与其他用人单位建立劳动关系,对完成本单位的工作任务造成严重影响,或者经用人单位提出,拒不改正的;(5)因《劳动合同法》第26条第1款第1项规定的情形致使劳动合同无效的;(6)被依法追究刑事责任的;(7)患病或者非因工负伤,在规定的医疗期满后不能从事原工作,也不能从事由用人单位另行安排的工作的;(8)不能胜任工作,经过培训或者调整工作岗位,仍不能胜任工作的。

5.合同保护。根据《劳动合同法》的规定,试用期的员工,用人单位必须与其签订书面劳动合同,明确双方的权利和义务,且合同既不得仅约定试用期,也不得约定多次试用期。

第 7 问

劳动合同中工作地点的约定有何风险？

实践中，有的女性朋友因对劳动合同中的工作地点未加关注而被迫离职。女职工怀孕后，用人单位利用劳动合同约定的工作地点范围较大这一点，任意调整怀孕女职工的工作地点，以此逼迫女职工自己提出离职。

赵花花入职时的工作岗位约定在某连锁超市北京市海淀区分店，赵花花怀孕后，公司为了逼迫其离职，想将其工作地点调整到大兴区。调整后，赵花花的通勤时间单程增加了1个小时，给一名孕妇的生活增加了很大负担。依据《劳动合同法》第17条、第35条的规定，用人单位变更劳动者的工作地点属于对劳动合同重要条款的变更，应当与劳动者协商一致。在此种情况下，除非赵花花明确同意公司的调整，否则公司单方面强制在劳动合同约定的地点之外调整工作地点，同时又拒绝赵花花在原工作地点上班的，可视为不能按照原合同的约定提供劳动条件，赵花花可以选择解除劳动合同，并要求用人单位支付经济补偿。如果赵花花入职时的工作地点约定为北京市，那么用人单位将其工作地点

一、工作入职

调整到大兴区就属于在约定范围之内了，一般会被认定为合理的调岗。

因此，签订劳动合同时一定要认真看清约定的工作地点在哪里，对于劳动者来说，工作地点约定的范围越小、越准确，风险越低，约定的范围越大，风险越高，应尽量把工作地点约定在实际工作地所在的市，包含很多区的一线城市或区和区之间距离较远的城市，应尽量约定到具体的区。这样，入职后用人单位就不能轻易在劳动合同约定的工作地点之外随意调动劳动者。

第8问

用人单位在入职时要求签订服务期协议并约定违约金合法吗？

《劳动合同法》第22条第1、2款规定，用人单位为劳动者提供专项培训费用，对其进行专业技术培训的，可以与该劳动者订立协议，约定服务期。劳动者违反服务期约定的，应当按照约定向用人单位支付违约金。违约金的数额不得超过用人单位提供的培训费用。用人单位要求劳动者支付的违约金不得超过服务期尚未履行部分所应分摊的培训费用。

劳动者实际入职时要询问清楚用人单位所谓的培训具体内容是什么，如果只是针对新员工的入职培训，即目的是使新员工更快地了解用人单位以及相关规章制度、工作流程等内容，则不属于上述法律条款中提到的专业技术培训。在此种情况下，用人单位即使与劳动者签订了服务期协议并约定了违约金，该协议也会被认定无效。如果是用人单位根据个人条件和专长为劳动者提供的专业技术培训，且为该培训支付了专项费用，则服务期协议会被认定有效。劳动者违反服务期约定的，应按约定支付违约金。

一、工作入职

对于违约金的数额，法律规定不能超过未履行服务期应分摊的培训费用。

例如，朱某因违反与甲公司签订的培训协议，提前离职，被甲公司起诉要求返还培训费用。一审法院判决朱某需要向用人单位返还培训费用2万余元，朱某不服上诉。二审法院认为，首先，朱某系甲公司从事生产技术工作的员工，甲公司与朱某签订了培训协议，培训协议中明确约定该项培训内容为机械设计，从约定的培训内容看属于专业技术培训。同时，甲公司提供了培训周报等，朱某二审中亦认可其接受了机械设计相关内容的培训，上述证据形成了较为完整的证据链，可以认定朱某参加了甲公司为其安排的专业培训。其次，《劳动合同法实施条例》第16条规定，《劳动合同法》第22条第2款规定的培训费用，包括用人单位为了对劳动者进行专业技术培训而支付的有凭证的培训费用、培训期间的差旅费用以及因培训产生的用于该劳动者的其他直接费用。本案中，双方签订的培训协议中明确约定了甲公司承担培训相关费用，甲公司亦提供了其实际支付朱某参加培训花费的交通费、材料费、住宿费、补贴、保险费、其他杂费等费用的相关证据，朱某对甲公司支付上述费用的事实亦予认可，故可以认定甲公司已为朱某的专项培训支付了相关费用。朱某未履行服务期约定，理应承担违约责任。最终，二审法院驳回了朱某的上诉请求,维持一审判决。

实践中,建议劳动者注意分辨服务期协议的性质,慎重签订,签订后便应依约履行协议,避免承担支付违约金的风险。

一、工作入职

第 9 问

入职时用人单位不签订书面劳动合同合法吗？

《劳动合同法》第82条规定了用人单位不订立书面劳动合同的法律责任，其第1款规定，用人单位自用工之日起超过1个月不满1年未与劳动者订立书面劳动合同的，应当向劳动者每月支付2倍的工资。

法律为维护劳动者的合法权益，规定了支付2倍工资的赔偿作为对用人单位不签订书面劳动合同的惩罚，而劳动者可以已经实际履行劳动义务的期限的工资为标准，要求用人单位额外支付1倍的工资。

劳动合同是确定劳动关系的重要证据，劳动合同可以证明劳动者的入职时间、工资待遇、岗位、工作地点等。在没有劳动合同的情况下，一旦发生纠纷，很多用人单位会否认与劳动者存在劳动关系。此时，劳动者可通过入职时与公司的沟通记录、工资流水、入职申请表、照片、录音录像等证明自己与用人单位之间存在劳动关系和自己的入职时间。

例如，江某入职甲公司时，甲公司未与其签订劳动合同，仅有江某填写的入职登记表。法院根据该表的内容确定，江某于2018年11月1日应聘甲公司的岗位，而甲公司是于2018年12月12日登记成立的，因公司未成立前不具备劳动关系的主体资格，劳动关系只能从公司成立时开始建立，最终认定，双方的劳动关系于2018年12月12日起建立。又因甲公司未与江某订立书面劳动合同，故判决甲公司应向江某支付自2019年1月12日至2019年6月17日期间未签订书面劳动合同的2倍工资。

一、工作入职

第 10 问

入职时使用他人身份证件有哪些法律风险？

劳动者因入职年龄等原因，有时会使用他人身份证件办理入职。这样做主要存在以下法律风险：（1）导致社会保险不能正常缴纳。使用他人身份证件入职，社会保险将缴纳至他人名下，如果发生疾病、生育、工伤等情况，本人将无法享受社会保险待遇，也会因此丧失向用人单位主张相关赔偿的权利。（2）导致劳动合同无效。根据《劳动合同法》第26条第1款第1项的规定，以欺诈、胁迫的手段或者乘人之危，使对方在违背真实意思的情况下订立或者变更劳动合同的，劳动合同无效。（3）用人单位可以依据《劳动合同法》第39条的规定解除劳动合同，无须向劳动者支付经济补偿。（4）依据《劳动合同法》第86条的规定，因为劳动者使用他人身份信息入职导致劳动合同被确认无效，进而给用人单位造成经济损失的，劳动者应当承担赔偿责任。

例如，杨某于2000年1月入职甲公司，因未满18周岁，便使用魏某的身份信息办理入职、签订劳动合同、缴纳社保等。直至2020年，甲公司才发现杨某使用的身份信息并非其本人真实身份信息，在甲公司与杨某的谈话记录中，杨某承认了自己系使用他人身份入职。后甲公司以杨某严重违纪为由，解除了劳动合同。杨某认为甲公司违法解除劳动合同，申请劳动仲裁。案件经过了仲裁、一审和二审。法院认为，首先，杨某确实存在使用他人身份入职甲公司工作的事实；其次，杨某使用他人身份工作的时间跨度为20年，其行为已经严重违反了甲公司制定的行政处理指引。最后，根据《劳动合同法》第39条规定："劳动者有下列情形之一的，用人单位可以解除劳动合同……（五）因本法第二十六条第一款第一项规定的情形致使劳动合同无效的……"因杨某使用他人身份的原因导致劳动合同无效的，甲公司享有劳动合同的单方解除权，此种情况不适用《劳动合同法》第87条关于经济赔偿金的规定。杨某主张甲公司支付解除劳动关系赔偿金的请求，理由不充分，不予支持。

二、三期保护

导读

您是否认为生育津贴和产假工资可以同时享受？您是否在孕期和产假期间对用人单位的种种刁难感到束手无策？

其实，法律对于孕期、产期、哺乳期的妇女设置了很多保护性规定。例如，不得降低孕期、产期、哺乳期妇女的工资，不得解除劳动合同，不得安排孕期、哺乳期妇女从事禁忌劳动，不得安排怀孕7个月以上的妇女和哺乳期妇女加班或者上夜班，等等。作为受到法律保护的特殊群体，一定要积极了解与自己相关的法律权益。

二、三期保护

第 11 问

生育津贴和产假工资可以同时享受吗？

生育津贴和产假工资一般不能同时享受。

生育津贴是参加生育保险的女性在生育期间依法享有的待遇，是由用人单位向社会保险管理部门申领，并发放给女职工的，标准是按照女职工所在用人单位上年度职工月平均工资计发。

产假工资是女职工在产假期间享受的工资待遇，是由用人单位支付给女职工的，标准是按照女职工产假前12个月本人正常出勤的工资标准计算平均数得出。

生育津贴和产假工资都是保障女职工产假期间的正常工资收入的。根据《女职工劳动保护特别规定》第8条第1款的规定，女职工产假期间的生育津贴，对已经参加生育保险的，按照用人单位上年度职工月平均工资的标准由生育保险基金支付；对未参加生育保险的，按照女职工产假前工资的标准由用人单位支付。所以产假工资只是生育津贴的补足，缴纳了社会保险的女职工，应先领取生育津贴，而没有缴纳社会保险或者生育津贴低于产假前12个月平均工资的，由用人单位进行支付和补足。

第12问

用人单位在女职工产假期间仅发放基本工资合法吗？

不合法。根据《女职工劳动保护特别规定》第7条、第8条的规定，女职工生育依法享受至少98天的产假，其间，女职工无需向用人单位提供劳动。用人单位为女职工缴纳了生育保险的，由生育保险基金向女职工支付产假期间的生育津贴，但生育津贴低于女职工产假前的工资的，用人单位需要负责补足。如果用人单位没有缴纳生育保险的，女职工生育期间的工资待遇，需要由用人单位按照其产假前工资情况进行支付，不得以任何理由只向女职工发放基本工资。女职工可以要求用人单位依法足额支付产假工资，用人单位拒不支付的，女职工可以选择进行行政投诉，也可以向人民法院申请支付令或者向劳动争议仲裁委员会申请劳动仲裁，要求支付产假工资差额。

用人单位仅以最低工资为标准向女职工支付产假期间工资或不向女职工支付产假工资的，都属于未向劳动者及时足额支付劳动报酬的行为，违反《劳动合同法》第30条的规定。女职工可以此为由解除劳动合同，并依据《劳动合同法》第46条的规定要求用人单位支付产假工资差额及经济补偿。

二、三期保护

第 13 问

产假结束后,用人单位称没有岗位了,女职工如何维护自己的权益?

用人单位称没有岗位实际上属于《劳动合同法》第38条规定的未按照劳动合同约定提供劳动条件的情形。这属于用人单位的问题,此时,女职工可以选择被迫离职,也可以要求用人单位提供岗位。

很多女职工有两个误区:一是在被公司告知暂时没有办法安排岗位,要求在家等通知后,在没有保留任何证据的情况下,就真的不去上班,这种情况很可能会被用人单位利用,以旷工为由解除劳动合同。二是认为既然都没有自己的位置了,那自己就主动离职吧。针对这两个误区:一是如果发生没有岗位安排要求待岗的情况,尽量要求用人单位提供书面通知,或者通过微信等既可以确定对方身份又可以证明聊天内容的方式进行沟通,相关录音录像也可以作为证据。二是不要以个人原因为由提出离职,一切以自己原因为由提出的离职,即使用人单位存在违法行为,在法律上用人单位都无须支付经济补偿或者赔偿金。

女职工遭遇用人单位在产假后不安排工作的，可以先书面回复用人单位，要求其在一定期限内按照劳动合同约定或者产假前的岗位和薪资待遇安排工作，并按时上班报到，遵守用人单位的规章制度。如果用人单位在限期内仍然未安排岗位和工作内容，则可以用人单位不能提供劳动条件为由提出被迫解除劳动合同，并要求用人单位支付经济补偿和哺乳期的损失。如果用人单位主动解除劳动合同，则可能构成违法解除劳动合同，需要支付赔偿金。

二、三期保护

第 14 问

用人单位扣除产检当天工资合法吗？

首先，女职工在孕期请假产检是其合法权利。《女职工劳动保护特别规定》第6条第3款规定，怀孕女职工在劳动时间内进行产前检查，所需时间计入劳动时间。既然产检所需时间计入劳动时间，则用人单位需要向女职工支付正常的劳动报酬，而不能因为产检扣除工资。

其次，用人单位扣除工资的行为违反法律规定，属于未及时足额支付劳动报酬的行为。女职工可以与用人单位沟通，如果用人单位拒不支付，可以通过向劳动行政部门进行投诉、申请劳动仲裁等方式依法维权。《劳动法》第95条规定，用人单位违反《劳动法》对女职工的保护规定，侵害其合法权益的，由劳动行政部门责令改正，处以罚款；对女职工造成损害的，应当承担赔偿责任。

不建议孕期女职工仅因用人单位扣除了一天或几天的产检工资就向用人单位提出被迫解除劳动合同，要求支付经济补偿。理由有两个：一是正在孕期，加之就业环境不稳定，离职后再找工作的难度会有所增加。二是司法实践中对被迫解除劳动合同的理由审查比较严格,对于因未及时足额支付劳动报酬的解除,一般会考虑未支付劳动报酬的金额大小是否给劳动者的生活造成了严重影响,存在不被支持的可能。

二、三期保护

第 15 问

女职工生育可以享受多少天产假，包含休息日和法定节假日吗？

根据《女职工劳动保护特别规定》第7条的规定，女职工生育享受98天产假，其中产前可以休假15天；难产的，增加产假15天；生育多胞胎的，每多生育1个婴儿，增加产假15天。女职工怀孕未满4个月流产的，享受15天产假；怀孕满4个月流产的，享受42天产假。

除98天产假外，符合计生政策的生育女职工还享受30天至90天不等的奖励假，丈夫则享有7天至30天不等的陪产假。例如，《北京市人口与计划生育条例》第19条第1款规定，按规定生育子女的夫妻，女方除享受国家规定的产假外，享受延长生育假60日，男方享受陪产假15日；又如，《广东省人口与计划生育条例》第30条第1款规定，符合法律、法规规定生育子女的夫妻，女方享受80日的奖励假，男方享受15日的陪产假。

产假一般是包含休息日和法定节假日在内的，因为产假是一个固定的期间，不能中止或者中断，其天数按照自然天数计算，其间遇到休息日或者法定节假日的，不能顺延或者补假。

奖励假和产假一样，是包含休息日和法定节假日的，但有特殊规定的除外。例如，《江苏省人口与计划生育条例》第24条第3款规定："前两款规定的假期视为出勤，在规定假期内照发工资，不影响福利待遇，国家法定休假日不计入前两款规定的假期。"

二、三期保护

第16问

怀孕期间身体不适，可以要求提前休产假吗？

《劳动法》第3条第1款规定，劳动者享有休息休假的权利；《女职工劳动保护特别规定》第7条第1款规定，女职工产前可以休假15天。因此，无论是否身体不适，待产的女性朋友都可以在预产期前15天开始休产假。

女性朋友在孕期身体有特殊情况需要在15天之外提前休产假的，虽然目前尚未有法律法规明确规定用人单位必须批准，但《妇女权益保障法》《女职工劳动保护特别规定》等都旨在保护女职工的合法权益。例如，《妇女权益保障法》第47条规定，用人单位应当根据妇女的特点，依法保护妇女在工作和劳动时的安全、健康以及休息的权利。妇女在经期、孕期、产期、哺乳期受特殊保护。因此，如果有习惯性流产史、严重妊娠综合征、妊娠并发症等可能影响正常生育的特殊情况，建议请专业医疗机构的医生开具相应的诊断证明，写清楚医嘱或者注意事项。凭借此类材料与用人单位积极协商，将产假提前，用人单位应当批准，并依法支付正常产假期间的工资。如果用人单位坚决不同意提前休产假，应保留好相关病历和诊断证明等材料，以及与用人单位积极沟通请假事宜的聊天记录、邮件记录、通话记录等作为证据。如果用人单位以未批准女职工提前休假，女职工拒不到岗为由解除劳动合同，女职工可以选择申请劳动仲裁，主张违法解除劳动合同的赔偿金。

二、三期保护

第 17 问

产假期间，用人单位可以要求提前返岗吗？

根据《劳动法》《女职工劳动保护特别规定》等规定，女职工在产假期间依法不需要提供劳动。法律规定产假，就是要保证女职工生育之后的休息权利，用人单位不能强制要求女职工提前返岗。但一些用人单位仍会在女职工产假还未结束时就要求返岗工作，此时女职工可以拒绝。但有的女职工的岗位和职位都很关键，担心如果不提前返岗，用人单位就会安排他人替代，产假后没办法再回到自己的岗位。面对这种情况，女职工可以选择和用人单位协商，要求其额外支付相应的劳动报酬，因为女职工是在本应休息的时间内向用人单位提供劳动，用人单位理应基于额外的劳动支付相应的报酬。用人单位和女职工之间可以就这一问题达成协议，并就这一期间的劳动报酬的计算方式进行约定。

如果双方没有约定，而女职工又提供了劳动，可以要求用人单位支付额外的劳动报酬吗？法律对这一问题其实并未作针对性规定。一般情况下，可以依据女职工的劳动时间和劳动强度，结合产假前的工资情况，合理确定用人单位应支付的劳动报酬。但要注意，一定要按照用人单位的规章制度，事先就应休的产假期间向用人单位提交休假申请，否则对于主张相应期间的产假工资或者返岗上班的劳动报酬都可能产生很大的不利影响。例如，广州的黄女士仅向用人单位申请了90天产假，产假结束后回到岗位上班，发现其应休的产假不止90天，后直接申请劳动仲裁，要求公司支付未休产假期间的工资。仲裁委支持了黄女士的部分请求，但双方均不服，均起诉至法院，最终一、二审法院都认为没有法律规定在产妇没有休满产假的情况下，用人单位需要支付双倍工资，并且黄女士也没有提供证据证明其已经向公司申请了90天以外的产假而公司予以拒绝。所以，法院并未支持黄女士的诉讼请求。

二、三期保护

第 18 问

休完产假后还可以休带薪年假吗？

产假和年假是两种不同的假期，它们的性质和依据不同。产假是根据《劳动法》《女职工劳动保护特别规定》等相关法律法规规定的，针对女性员工的一项权益。带薪年假则是根据《职工带薪年休假条例》规定的，针对所有劳动者的一项权益。劳动者连续工作1年以上的，就可以享受带薪年休假。另外，《企业职工带薪年休假实施办法》第6条也明确规定，职工依法享受的探亲假、婚丧假、产假等国家规定的假期以及因工伤停工留薪期间不计入年休假假期。因此，产假和年假并不冲突，女职工在休完产假后，如果满足带薪年假的条件，即连续工作1年以上，仍可享受带薪年假。

带薪年假是由用人单位根据生产情况结合本人意愿统筹安排的，如果因为用人单位工作需要，不能安排女职工在产假之外休带薪年假，则应依法按照女职工日工资收入的300%支付带薪年假的工资报酬。

第19问

用人单位拖欠产假工资时怎么办？

根据《劳动法》《女职工劳动保护特别规定》等法律法规的规定，用人单位应当及时足额向劳动者支付工资，女职工按照规定休产假的，享受国家的生育保险待遇，生育津贴低于女职工原工资标准的，用人单位还应补足差额部分，并不得降低其工资。这里的女职工原工资标准，是指女职工依法享受产假或者计划生育手术假前12个月的月平均工资。前12个月的月平均工资按照女职工应得的全部劳动报酬计算，包括计时工资或者计件工资以及奖金、津贴、补贴等货币性收入。因此，用人单位拖欠产假工资或者不足额支付产假工资的行为都是违法行为，可能面临支付赔偿金和经济补偿金的法律后果。女职工面临此类情况可以尝试通过以下几种途径解决。

第一，可以尝试与用人单位进行沟通，询问未支付产假工资的原因，并且要求用人单位给出支付方案和期限。协商既可以试着通过和平的方式解决问题，又可以为之后的维权保留证据。

第二，可以向劳动保障行政部门投诉，将用人单位拖欠产假工资的证据提供给劳动保障行政部门,要求对用人单位进行调查,责令用人单位尽快支付拖欠的工资。如用人单位仍然拒不支付,劳动保障行政部门可以对其进行相应处罚,或者依据《劳动保障监察条例》第26条的规定,责令用人单位按照应付金额50%以上1倍以下的标准向劳动者加付赔偿金。

第三,可以向用人单位所在地或者劳动合同实际履行地的劳动争议仲裁委员会申请劳动仲裁,提供劳动合同、社会保险缴费记录、工资流水、出生证明、病历等证据,要求用人单位支付拖欠的产假工资。

第四,拖欠产假工资还符合《劳动合同法》第38条规定的情形的,女职工如果想以此为由离职,可以在申请劳动仲裁前,向用人单位书面提出被迫解除劳动合同,写明理由为"用人单位未及时足额支付劳动报酬"。将书面的解除通知邮寄给用人单位,并作为证据提交仲裁委,则可同时申请用人单位支付解除劳动合同的经济补偿。

第五,仲裁裁决作出后,如果对裁决结果不服,可在15日内向人民法院起诉。

第 20 问

未婚生育可以休产假和领取生育津贴吗？

《社会保险法》《女职工劳动保护特别规定》都规定，女职工生育享有休产假的权利，并未对这一权利设置必须已婚的前提。设置产假的目的和重要作用就是保证女职工生产后的休息，使女职工有足够时间恢复生育对身体造成的损伤，保护女职工的身体健康。因此，从这一角度看，只要存在生育的事实，女职工就有权利享受产假。

对于未婚已育的女性是否能领取生育津贴的问题，《社会保险法》遵循权利和义务对等原则，只要履行了生育保险的缴费责任，国家层面在待遇享受方面是没有门槛的，而且在享受生育津贴所需提供的相关材料中也不需要提供结婚证等证明已婚的相关材料。

综上，生育津贴是对职业妇女在因生育离开工作岗位期间给予的补助，只要依法缴纳了生育保险、满足规定的缴费年限，在提交相关材料后，社保部门会履行相应的支付生育津贴的法定义务。但是具体到全国各个地区，情况可能会有些许差异，可以与

二、三期保护

当地的社保部门进行积极沟通。如果相关机关拒不支付,女职工可以选择提起行政诉讼,维护自身权益。如果用人单位没有依法为员工缴纳生育保险,则这种行为属于违法行为,女职工可以要求用人单位补缴生育保险,同时可以申请劳动仲裁,主张由用人单位承担不能领取生育津贴的损失或者选择直接要求用人单位按照产假前工资的标准支付产假工资。

第 21 问

怀孕期间被用人单位开除，可以向用人单位主张产假工资的损失吗？

虽然《劳动合同法》对于孕期、产期、哺乳期的女职工有特殊保护，不允许用人单位随意解除劳动合同，但在怀孕女职工严重违反用人单位规章制度，严重失职给用人单位造成重大损失，建立双重劳动关系，对本职工作造成严重影响且经用人单位提出拒不改正，欺诈、胁迫致使劳动合同无效，被依法追究刑事责任等情况下，用人单位还是可以解除劳动合同的。

当然，除了以上情况之外，用人单位以其他理由与孕期女职工解除劳动合同，很有可能构成违法解除。

作为女职工，在孕期被解除劳动合同，面临的是失去怀孕期间、产假期间以及哺乳期间的工资收入。很多用人单位认为女职工一旦怀孕就没办法正常工作，后期还有产假、哺乳假，导致工作不能正常完成，单位还要支付工资，而如果在女职工怀孕期间就强行解除劳动合同，大不了支付赔偿金，可以省掉许多麻烦。但女职工如果是在此期间被辞退，便很难再找到其他工作，用人

二、三期保护

单位一旦在怀孕期间解除劳动合同，会导致女职工长达1至2年没有收入，给女性生活带来巨大压力，造成严重损失。

女职工在申请劳动仲裁时，有以下两个选择：一是要求恢复与用人单位的劳动关系，并且要求用人单位支付劳动关系解除期间的劳动报酬，在劳动关系恢复后就正常提供劳动，用人单位需要依法支付工资。二是直接申请用人单位支付孕期、产期、哺乳期的工资损失以及违法解除劳动合同的赔偿金。可以将以下三项列入仲裁请求：（1）请求裁决被申请人向申请人支付违法解除劳动合同赔偿金。在职1年按2个月工资计算，在职不满半年按1个月工资计算。（2）请求裁决被申请人向申请人支付产假期间工资。具体赔偿计算标准是用产假前12个月正常劳动期间的日平均工资乘以产假天数。（3）请求裁决被申请人向申请人支付孕期、哺乳期工资。要写清具体的时间段，孕期是从被辞退开始到生产为止，哺乳期一般是1年，这两个期间的工资计算各地的裁判观点会有不同，因为是需要提供劳动才能获得的。一方面劳动合同已经解除，劳动者无须提供劳动；另一方面劳动合同的解除的确是因为用人单位违法导致的，所以应由用人单位按照女职工正常工作期间工资的200%进行赔偿。如果计算出来的月工资低于最低工资标准，那么就按照最低工资标准进行计算。

第 22 问

怀孕期间被用人单位调岗降薪应如何维权？

界定调岗降薪，需要对比调岗之前的薪资待遇。首先，工作岗位和工资待遇及工资构成一般是在入职时就沟通好的，劳动者一定要确认与用人单位口头沟通的岗位和工资待遇是否已经白纸黑字写入劳动合同，否则当发生劳动争议时，很难证明调岗之前的岗位和工资待遇。其次，如果岗位或者工资待遇与劳动合同中的约定不一致，以实际履行情况为准。因此，劳动者在实际工作中要注意保留可以证明工作内容、工资待遇的相关证据。在发生调岗降薪的劳动争议时，才能够有证据证明之前的工资待遇。

在女职工怀孕期间对其调岗降薪实际上是部分用人单位逼迫怀孕女职工主动离职的一种手段。建议女职工在遭遇用人单位孕期调岗降薪时一定要保存好相关证据。一般情况下，用人单位会以微信、邮件等形式通知调岗，女职工需要及时地书面回复用人单位，表示不同意用人单位的调岗安排，并且要求在原岗位正常上班，实际上也要按照原岗位要求的时间地点按时上下班打卡。如果正常上下班受阻，一定要录音录像取证。切忌既不去新岗位

二、三期保护

报到，也不去旧岗位上班，这样很可能被用人单位以旷工为由解除劳动合同。

关于降薪，用人单位的调岗通知中可能会明确调岗后的工资金额，但一定要在用人单位有实际的降薪行为时才能进行维权。当用人单位实际支付的工资少于正常工作期间的工资时，建议先书面催告用人单位，要求限期补足工资差额，如果用人单位未及时补足，则可以未及时足额支付劳动报酬为由，提出被迫离职，要求用人单位支付解除劳动合同的经济补偿。

第 23 问

女职工怀孕流产时可以享受产假吗？

根据《女职工劳动保护特别规定》第7条第2款的规定，女职工怀孕未满4个月流产的，享受15天产假；怀孕满4个月流产的，享受42天产假。另外，地方也有具体的补充规定。例如，《江苏省女职工劳动保护特别规定》第12条规定，用人单位应当给予终止妊娠的女职工下列保护……（2）怀孕不满2个月流产的，享受不少于20天的产假；（3）怀孕满2个月不满3个月流产的，享受不少于30天的产假；（4）怀孕满3个月不满7个月流产、引产的，享受不少于42天的产假；（5）怀孕满7个月引产的，享受不少于98天的产假。

因此，女职工在怀孕流产的情况下是可以按照国家和地方规定享受相应天数产假的。产假期间的工资待遇一般参照正常产假工资待遇确定，即用人单位应依据女职工流产前12个月的平均工资支付产假工资。如果用人单位已经依法缴纳生育保险，则由社保部门支付生育津贴，生育津贴低于流产前12个月平均工资的，差额部分由用人单位补足。

二、三期保护

第 24 问

哺乳期孩子生病需要照顾可否申请带薪休假？

第一，根据《女职工劳动保护特别规定》第9条第2款的规定，用人单位应当在每天的劳动时间内为哺乳期女职工安排1小时哺乳时间；女职工生育多胞胎的，每多哺乳1个婴儿每天增加1小时哺乳时间。所以，如果是轻微疾病需要照顾，可以利用好每天1小时的哺乳假，也可以和用人单位协商是否可以将每天1小时的哺乳假调整为集中休假。

第二，根据《劳动法》第45条的规定，国家实行带薪年休假制度。劳动者连续工作1年以上的，享受带薪年休假。根据劳动者累计工作年限的不同，年休假的天数也有所不同，具体如下：累计工作满1年不满10年的，年休假5天；满10年不满20年的，年休假10天；满20年及以上的，年休假15天。需要注意的是，国家法定休假日和休息日是不计入年休假的。年休假一般由用人单位根据工作情况统筹安排，但有特殊情况，也可以和用人单位进行协商，调整带薪年休假的时间。

第三，各地近年都修改了人口与计划生育条例，新增了育儿假的相关规定。例如,《北京市人口与计划生育条例》第19条第3款规定,按规定生育子女的夫妻,在子女满3周岁前,每人每年享受5个工作日的育儿假;每年按照子女满周岁计算。《山东省人口与计划生育条例》第26条第1款规定,3周岁以下婴幼儿父母各享受每年累计不少于10日育儿假。《甘肃省人口与计划生育条例》第18条第3款规定,符合《甘肃省人口与计划生育条例》生育且子女不满3周岁的,夫妻双方所在单位应当分别给予每年15日的育儿假。各地的育儿假规定中都明确,育儿假期间视为出勤,工资由用人单位照发,福利待遇不变。所以建议可以与用人单位沟通,在带薪年休假已经休满的情况下,使用育儿假。

第四,如果带薪年休假和育儿假都已经休满,就只能与用人单位协商能否采用居家办公的形式了,既不耽误工作,又能照顾孩子,一般情况下,居家办公期间只要正常提供了劳动,用人单位也同样要正常支付工资。

三、工资社保

导读

您是否认为公司试用期不给缴纳社保是合法的？您是否认为只要超过每天8小时的工作时间公司就应当支付加班费？您是否认为公司要求加班只要安排调休就可以不支付加班费？您是否还不清楚医疗期与病假期的区别和联系？

女性员工除了"三期"的特别保护时期之外，也是一名普通的劳动者，对在职期间与劳动者权利相关的法律问题也应有所了解和掌握。

三、工资社保

第 25 问

试用期用人单位不给劳动者缴纳社保合法吗？

依据《劳动合同法》的规定，试用期是包含在正式劳动合同期限内的，用人单位自用工之日起即与劳动者建立劳动关系。《社会保险法》第58条对用人单位为职工缴纳社会保险的义务作出了明确规定，即用人单位应当自用工之日起30日内为其职工向社会保险经办机构申请办理社会保险登记。

结合上述法律规定，用人单位在试用期不给劳动者缴纳社会保险是不合法的。

作为女性劳动者，社会保险关系到在疾病、生育的情况下可以享受到的待遇，遇到试用期不缴纳社会保险的用人单位，在入职时可以进行询问和筛选；如果已经入职，且已过试用期，则可以书面形式要求用人单位按照入职时间补缴社会保险，用人单位拒不补缴的，可以向社保部门投诉，提供可以证明入职时间以及与用人单位存在劳动关系的相关证据。

用人单位试用期不缴纳社保是否属于《劳动合同法》第38条规定的情况？是否可以以此为由提出被迫解除劳动合同，要求经济补偿呢？

例如，小花2023年9月1日入职，约定试用期为3个月，试用期过后开始缴纳社会保险。小花在试用期内向用人单位书面催告要求缴纳社会保险，用人单位拒不缴纳，那么在试用期结束之前，小花可以提出被迫解除劳动合同，要求经济补偿。如果试用期已过，用人单位已经开始为小花缴纳社会保险，则不建议再提出被迫解除劳动合同，因为此种情况不属于《劳动合同法》第38条规定的未缴纳社会保险，而是未足月缴纳社会保险，此时只能选择投诉补缴。

第26问

"三八"妇女节用人单位没有给女职工放假，需要向女职工支付加班费吗？

根据《劳动法》第44条的规定，用人单位只有在工作日、休息日、法定节假日三种情况下安排劳动者加班的，才需要支付加班费。《全国年节及纪念日放假办法》第2条规定，全体公民放假的节日：（1）元旦，放假1天（1月1日）；（2）春节，放假4天（农历除夕、正月初一至初三）；（3）清明节，放假1天（农历清明当日）；（4）劳动节，放假2天（5月1日、2日）；（5）端午节，放假1天（农历端午当日）；（6）中秋节，放假1天（农历中秋当日）；（7）国庆节，放假3天（10月1日至3日）。第3条第1项规定，妇女节（3月8日），妇女放假半天。但根据《关于"三八"国际妇女节放假工资如何支付问题的通知》，凡在"三八"国际妇女节放假参加庆祝活动者，工资照发；凡在"三八"国际妇女节照常工作者，一律不作加班论，不增发工资。也就是说，"三八"妇女节用人单位安排放假或者组织活动的，工资要正常发放。但对于没有放假要求支付加班费的，目前还没有明确的法律支持，所以女职工不能要求用人单位支付加班费。

第 27 问

工作日工作时间超过 8 小时，用人单位是否应当支付加班费？

对于工作日工作时间超过 8 小时，用人单位是否应当支付加班费的问题，应当先判断用人单位适用哪种工时制度、实际工作时间是否超过了该工时制度规定的法定工作时间。根据《劳动法》第 36 条至第 38 条的规定，国家实行劳动者每日工作时间不超过 8 小时、平均每周工作时间不超过 44 小时的工时制度；如果用人单位采用计件工资制，也要根据上述工时制度合理确定劳动定额和计件劳动报酬，用人单位还要保证劳动者每周至少能休息 1 日。《劳动法》第 39 条规定，如果用人单位因为生产特点，不能实行上述工时和周休日制度，经过劳动行政部门批准，可以实行其他工作和休息办法。常见的其他工时制度有：综合工时制，如建筑业、旅游业等受自然条件限制的行业；不定时工时制，如销售、长途运输等特殊的岗位。可以周、月、季、年为周期，综合计算工作时间，此种情况下，如果单独某天工作时间超过 8 小时或者某周时间超过 44 小时，则不属于加班，具体根据劳动行政

三、工资社保

部门的批准判断。

一般情况下，加班是指标准工时制下的加班，即用人单位安排的工作每天超过了8小时，或者平均每周超过了44小时的，用人单位应当依法向劳动者支付相应加班费。

但关于主张加班费的案件，举证责任在于劳动者一方，劳动者要提供证据证明存在加班的事实。一般情况下，可以证明加班的证据有打卡记录、微信等工作聊天记录、与工作有关的邮件、通话录音等。另外还要注意，很多用人单位在规章制度中规定，加班需要经过审批，否则对加班不予认可也不支付加班费。遇到此类情况，劳动者一定要积极履行申报手续，并尽可能多地保留与加班工作有关的证据，只有这样支付加班费的请求才有可能得到支持。

第 28 问

用人单位安排加班后，可以用补休代替支付加班费吗？

用人单位安排加班有三种情况，即工作日加班、休息日加班和法定节假日加班。依据《劳动法》第44条的规定，只有休息日安排加班可以以补休代替支付加班费，而工作日和法定节假日的加班则不能以补休代替，必须依法支付加班费。

具体的加班费支付标准为：工作日安排加班的，需要支付不低于150%的工资；法定节假日安排加班的，需要支付不低于300%的工资；休息日安排加班又不能补休的，需要支付不低于200%的工资。此处的工资一般情况下是以劳动者法定工作时间内提供正常劳动应得的工资收入作为计算基数的，如果双方的劳动合同中对于计算基数有约定，则依照约定；如果双方没有约定，则一般以实际工资作为计算基数。但要注意，此计算基数不能低于当地的最低工资标准。

另外，即使用人单位依法支付加班费，为了保护劳动者休息的权利，对于加班时间，法律也有一定的限制。《劳动法》第41

条规定，用人单位由于生产经营需要，经与工会和劳动者协商后可以延长工作时间，一般每日不得超过1小时；因特殊原因需要延长工作时间的，在保障劳动者身体健康的条件下延长工作时间每日不得超过3小时，每月不得超过36小时。用人单位安排的加班超过法定时间的，劳动者可以向劳动行政部门投诉，由劳动行政部门调查处理，并进行处罚。

第 29 问

用人单位要求劳动者在"自愿放弃参加社保申请书"上签名合法吗？

一些用人单位为降低用工成本，要求劳动者签订放弃参加社会保险的相关材料，以现金补贴等形式代替缴纳社会保险，这种行为实际上是违法的。

首先，社会保险的缴纳是法律的强制性规定。《劳动法》第72条规定，用人单位和劳动者必须依法参加社会保险，缴纳社会保险费。所以，用人单位和劳动者之间的协议行为因违反法律强制性规定而无效。另外，社会保险费是社会保险基金的主要来源，用人单位是否依法为劳动者办理并缴纳社会保险，关系着社会保险基金的正常运行，更关系到广大群众能否正常享受相关的保险待遇。

其次，对于劳动者个人来讲，签订此类申请书或者协议，存在以下法律风险：（1）可能导致正常的社会保险待遇不能领取，如生病时的医药费等不能报销，发生工伤时不能申领由社会保险基金支付的生活护理费、一次性伤残补助金、伤残津贴等。

三、工资社保

（2）一些地区不支持劳动者在签订了此类协议后，又以用人单位不缴纳社会保险为由解除劳动合同、要求经济补偿。(3)很多情况下，社会保险是证明劳动者与用人单位存在劳动关系的关键证据。(4)很多地区社会保险还和落户资格、子女入学资格、购房资格等有直接的关系。

第30问

用人单位未足额缴纳社会保险导致生育津贴待遇降低时怎么办？

根据《社会保险法》的相关规定，生育保险费全部由用人单位承担，用人单位需要按时足额缴纳。另外，《女职工劳动保护特别规定》第8条第1款规定，女职工产假期间的生育津贴，对已经参加生育保险的，按照用人单位上年度职工月平均工资的标准由生育保险基金支付；对未参加生育保险的，按照女职工产假前工资的标准由用人单位支付。

依据上述法律法规的规定，由于用人单位没有足额缴纳生育保险导致生育津贴低于产假前正常的工资待遇的，用人单位需要对生育津贴与产假前工资的差额进行补足。例如，女职工在产假前正常工作期间的工资标准为8000元/月，因公司仅按照5000元/月的标准缴纳生育保险，导致女职工领取的生育津贴低于产假前的正常工资，此时有三种维权方式可以选择。

一是要求公司按照实际工资标准补缴相应生育津贴，可先与公司协商，如果公司态度强硬拒不同意，则可以向相关社会保险行政部门投诉，相关行政部门会依法对用人单位下达通知，责令用人单位限期补缴。

二是向劳动保障监察部门投诉，提供相应的证据材料，要求相应部门责令公司支付产假期间的工资待遇差额。无论结果如何都要将投诉的相关申请材料和处理材料整理保存好。此种方式即便存在因为双方争议过大没有解决问题的可能性，也能给后续的劳动仲裁准备更充分的证据。

三是准备好劳动合同、社会保险缴纳记录、产假前后工资流水（产假前12个月）、催促补足生育津贴损失的聊天记录或者邮件记录等证据，向用人单位所在地或者劳动合同实际履行地的劳动争议仲裁委员会申请仲裁，要求公司支付生育津贴的差额。

第 31 问

工作时间在工作场所卫生间摔倒受伤是否应当认定为工伤？

根据《工伤保险条例》第14条的规定，职工在工作时间和工作场所内，因工作原因受到事故伤害的，应当认定为工伤。根据《劳动法》第3条的规定，劳动者享有获得劳动安全卫生保护的权利，用人单位应当为劳动者提供必要且安全的劳动卫生条件。所以，在工作场所卫生间内意外摔倒的，属于因工作原因受到事故伤害，一般应当认定为工伤。如果用人单位不认为是工伤，依据《工伤保险条例》第19条的规定，应当由用人单位承担举证责任。

例如，何某在上班期间被同事发现摔倒在厕所不省人事，经送医后抢救无效死亡，死亡原因为重型颅脑损伤，呼吸循环衰竭。用人单位未支付任何费用，也未申请工伤认定，故何某的父亲向人社局申请工伤认定。人社局认定何某的伤亡性质不属于工伤。何某的父亲对该结果不服，提起行政诉讼。最终，一审、二审法院均认为，劳动者在工作时间正常使用卫生间是合理的生理

三、工资社保

需要，人社局片面地认为个人生理需要是私事，与本职工作无关，作出不予认定工伤的具体行政行为与《劳动法》保护劳动者合法权益的原则相悖，也有悖于社会常理。最终法院支持了何某父亲的诉求，撤销认定书，判决人社局对于何某是否属于工伤重新认定。

第 32 问

上下班途中发生交通事故，能否在享受工伤保险待遇的同时要求第三人赔偿？

在上下班途中发生交通事故的，其中受伤劳动者承担事故的非主要责任，如果是主要责任则明确不能认定为工伤。发生交通事故属于由第三人造成的损害，在法律上产生的是侵权法律关系，劳动者可以要求第三人进行赔偿。而对于上下班合理路线上发生的非主要责任的交通事故，属于《工伤保险条例》规定的应当认定为工伤的情形，可以申请工伤保险的相关待遇，这是另一层法律关系。一般情况下两者并不冲突。

我国目前是支持受伤的劳动者在获得工伤保险补偿的同时要求侵权第三人承担赔偿责任。依据《安全生产法》第 56 条第 2 款的规定，因生产安全事故受到损害的从业人员，除依法享有工伤保险外，依照有关民事法律尚有获得赔偿的权利的，有权提出赔偿要求。《最高人民法院关于审理人身损害赔偿案件适用法律若干问题的解释》第 3 条规定，依法应当参加工伤保险统筹的用人单位的劳动者，因工伤事故遭受人身损害，劳动者或者其近

三、工资社保

亲属向人民法院起诉请求用人单位承担民事赔偿责任的,告知其按《工伤保险条例》的规定处理。因用人单位以外的第三人侵权造成劳动者人身损害,赔偿权利人请求第三人承担民事赔偿责任的,人民法院应予支持。

第 33 问

突发疾病抢救超过 48 小时后死亡，可以被认定为工伤吗？

《工伤保险条例》第 15 条第 1 款第 1 项规定，职工在工作时间和工作岗位，突发疾病死亡或者在 48 小时之内经抢救无效死亡的，视同工伤。

关于 48 小时的起算时间，根据《关于实施〈工伤保险条例〉若干问题的意见》第 3 条的规定，应当以医疗机构的初次诊断时间作为突发疾病的起算时间。这里的突发疾病不要求疾病种类，只要求是突发的疾病。因此，不应当将任何一个入院就诊的时间都当作起算时间，即使就诊时间与实际突发疾病就诊的时间很近。

如果超过 48 小时后死亡，除非患者在入院抢救后 48 小时内一直没有恢复自主呼吸，医院判断抢救成功的可能性很小，或者患者已经处于脑死亡的状态，此时有可能被认定为工伤，其他情况几乎不可能被认定为工伤。因为将这类视为工伤的情况，其实是法律上的人文关怀，突发疾病虽然不是工作直接导致，但是多少和工作有关，所以法律规定了48小时内死亡都视同工伤的特殊情况，超过48小时的一般不认定为工伤。

还有一种特殊情况，如果经过医院的抢救无效，并且医院确定没有存活的可能性，家属在此时放弃的，可以认定为因抢救无效而被认定为工伤。但如果为了认定工伤，家属能救但不救、故意放弃抢救，则不能被认定为工伤。

四、劳动合同的解除与终止

导读

您是否认为只要劳动合同到期便自动终止，用人单位不需要支付任何补偿？您是否认为用人单位以不能胜任工作为理由便可以解除劳动合同？您是否认为在个体户打工不属于劳动关系，发生争议不知道能否申请劳动仲裁？

劳动合同是劳动关系最直接、最重要的证据，一般情况下也是劳动关系双方对于建立劳动关系的意思表示，《劳动法》《劳动合同法》等相关法律法规，从保护劳动者和特殊劳动者群体的角度出发，在劳动关系的建立和解除方面为用人单位设置了一定的限制。

四、劳动合同的解除与终止

第 34 问

产假期间劳动合同到期，用人单位可以终止劳动关系吗？

正常情况下，依据《劳动合同法》第44条的规定，劳动合同期满的，劳动合同终止。但为了保障女职工在特殊时期的相关权益，女职工在孕期、产期、哺乳期均受到法律的特殊保护。依据《劳动合同法》第45条的规定，女职工劳动合同期满时，在孕期、产期、哺乳期的，劳动合同应当续延至相应的情形消失时终止。这就表明，女职工在产假期间合同到期的，用人单位不能随意终止劳动关系，而应当将劳动合同续延至"三期"结束，方能终止。

如果用人单位此时明确提出终止劳动关系，或者以不再支付产假工资、缴纳社会保险等实际行为作出终止劳动合同的意思表示的，一般会被认为是违法终止劳动关系。依据《劳动合同法》第48条的规定，用人单位违反《劳动合同法》规定解除或者终止劳动合同，劳动者要求继续履行劳动合同的，用人单位应当继续履行；劳动者不要求继续履行劳动合同或者劳动合同已经不能继续履行的,用人单位应当依照《劳动合同法》第87条规定支付赔偿金。

例如,某幼儿园与崔某签订了合同期限为2019年5月1日至2022年4月30日的劳动合同,并为崔某缴纳了社会保险费。2021年4月,崔某怀孕。2021年7月底,幼儿园以崔某怀孕、工作不便为由要求崔某回家休息。2022年1月21日,崔某分娩。同年4月12日,某幼儿园以"合同期满"为由为崔某办理了社会保险减员手续。在崔某怀孕休息及产假期间,某幼儿园均未发放崔某工资或生活费。生育保险基金报支崔某生育津贴15363元,由幼儿园领取,并未支付给崔某。崔某申请劳动仲裁,要求幼儿园支付生育津贴18000元及违法终止劳动合同的赔偿金21000元等。仲裁委经审理认为,生育津贴是职工按照国家和省有关规定享受产假或者计划生育手术休假期间获得的工资性补偿。根据相关规定,职工在产假或者休假期间,享受的生育津贴低于其产假或者休假前工资的标准的,由用人单位予以补足;高于其产假或者休假前工资标准的,用人单位不得截留。本案中,某幼儿园领取了生育保险基金为崔某报支的生育津贴,但并未正常发放崔某产假期间工资,且崔某的生育津贴高于其产假前的工资标准,故裁决幼儿园支付崔某生育津贴15363元。关于违法终止劳动合同的赔偿金问题,根据《劳动合同法》第42条第4项的规定,女职

四、劳动合同的解除与终止

工在孕期、产期、哺乳期的,用人单位不得依照《劳动合同法》第40条、第41条的规定解除劳动合同。第45条规定,劳动合同期满,有《劳动合同法》第42条规定情形之一的,劳动合同应当续延至相应的情形消失时终止。本案中,截至2022年4月30日,崔某仍处于产假期间,即使双方签订的劳动合同到期,也应当依法续延至崔某哺乳期满方可终止。幼儿园终止劳动合同的行为不符合法律规定,故仲裁委裁决幼儿园支付崔某违法解除劳动合同的赔偿金20285.04元。

第 35 问

女职工怀孕期间用人单位宣布解散时怎么办？

要明确用人单位是真正解散，还是在为与劳动者解除或者终止劳动合同而寻找借口。如果用人单位是依法解散，依据《劳动合同法》第44条第5项的规定，用人单位被吊销营业执照、责令关闭、撤销或者用人单位决定提前解散的，劳动合同终止。也就是说，用人单位解散是可以合法终止与劳动者的劳动合同的。《劳动合同法》仅对"三期"女职工在劳动合同期满终止这一情况作了特殊规定，但对于用人单位依法解散的情况，并无特殊规定。

所以女职工在怀孕期间接到用人单位解除或终止劳动合同的通知时，可以尽快申请劳动仲裁，及时申报债权，要求公司依据《劳动合同法》第46条第6项的规定支付经济补偿。

第 36 问

劳动合同到期，劳动者不想续签可以要求用人单位支付经济补偿吗？

《劳动合同法》第46条是关于何种情形下用人单位需要支付经济补偿的规定。其中第5项明确规定，除用人单位维持或者提高劳动合同约定条件续订劳动合同，劳动者不同意续订的情形外，依照《劳动合同法》第44条第1项规定终止固定期限劳动合同的，用人单位应当向劳动者支付经济补偿。

由此可知，劳动合同到期时，可能会发生几种情况，相应地会产生不同的法律后果：第一种情况，用人单位不愿续订，双方也没有再继续维持劳动关系的意愿，此时劳动合同到期终止，用人单位向劳动者支付经济补偿。第二种情况，用人单位降低劳动合同约定的条件续订，劳动者不同意的，劳动合同终止，用人单位向劳动者支付经济补偿。第三种情况，用人单位维持或者提高约定条件续订劳动合同，劳动者不同意，此时用人单位不需要向劳动者支付经济补偿。第四种情况，劳动者直接提出不续订，用人单位无需向劳动者支付经济补偿。

用人单位向劳动者支付的经济补偿依劳动者的工作年限而定，工作满1年的，支付1个月工资的经济补偿；工作满6个月不满1年的，按1年计算；不满6个月的，支付半个月工资的经济补偿。

除上述情况外，如果劳动合同到期，双方没有续订书面劳动合同而继续用工，双方都没有提出异议的，视为按照原劳动合同约定的条件延续原来的劳动关系，用人单位也不需要支付经济补偿，其间有解除劳动合同等其他情况的，按照实际情况处理。

四、劳动合同的解除与终止

第 37 问

被用人单位口头开除怎么办？

用人单位应出具书面的解除劳动合同通知书，劳动合同的解除或者终止，优先以书面的解除通知到达对方时开始生效。如果用人单位拒不出具，只是当面口头解除，那么在判断这种行为是否有效时一定要注意以下几点：（1）作出口头解除的人是否有解除员工的权限，其行为能否代表用人单位；（2）口头解除劳动合同的过程是否有证据可以证明，是否有录像或者录音；（3）用人单位是否已经停止发放工资、停止缴纳社会保险；（4）用人单位是否已经拒绝劳动者进入工作场所，是否有录音录像等证据可以证明。

如果上述问题的答案多数都是否定的，则一定不能直接放弃到岗上班，直接放弃到岗上班可能导致的后果就是用人单位不承认其解除了劳动关系，反而可以员工不按时到岗、旷工为由解除劳动合同，逃避支付经济补偿或者赔偿。但也不能没有任何准备就直接申请劳动仲裁，此时，用人单位如果不承认其解除了劳动关系，而劳动者也没有充分的证据证明用人单位已经解除劳动关系，则有很大可能败诉。

正确的做法是：（1）按时到岗正常上班；（2）注意保留与用人单位沟通的证据，如微信记录、录音录像等；（3）被用人单位拒绝进入工作场所的，也要保留录音录像等证据；（4）用人单位在正常发放工资的时间没有正常发放工资的，或者停缴社会保险的，要打印好相关流水及缴费记录。

在有充分的证据证明用人单位已经解除劳动合同后，就可以准备证据材料，向用人单位所在地的劳动争议仲裁委员会申请劳动仲裁了。

第38问

用人单位以员工怀孕不能胜任工作为由解除劳动合同合法吗?

用人单位以员工不能胜任工作为由解除劳动合同是否合法,需要根据不同情况进行判断。用人单位以这一理由解除劳动合同的法律依据是《劳动合同法》第40条第2项,即劳动者不能胜任工作,经过培训或者调整工作岗位,仍不能胜任工作的,用人单位提前30日以书面形式通知劳动者本人或者额外支付劳动者1个月工资后,可以解除劳动合同。用人单位如果以此为依据解除劳动合同,必须能够提供证据证明以下几点:(1)劳动者不能胜任工作的客观证据;(2)用人单位已经安排其培训或者调岗的证据;(3)劳动者经过培训或者调岗之后仍然不能胜任工作的证据;(4)提前30日书面通知劳动者因不能胜任工作依法解除劳动合同的证据或者已经额外支付劳动者1个月工资的证据。在以上条件都具备的情况下,用人单位才能合法解除劳动合同。

而用人单位直接以员工怀孕不能胜任工作为由解除劳动合同,显然不符合上面所说的几条内容。首先,怀孕并不必然导致员工不能胜任本职工作；其次，即使用人单位认为怀孕员工不能胜任工作，也需要提供客观有效的证据证明；最后，用人单位在并未安排培训或者调岗的前提下直接解除劳动合同，明显违反法律关于解除劳动合同的前置程序的规定。所以，从上述三点就可以看出，公司以员工怀孕不能胜任工作而直接解除劳动合同的行为属于违法解除，劳动者可以依法申请劳动仲裁，要求用人单位支付违法解除劳动合同的赔偿金。

另外，即使用人单位提供了充分的证据证明怀孕员工不能胜任工作，也依法对其进行了培训或者调岗，并且有证据证明在培训或者调岗后其依然不能胜任工作，系依据《劳动合同法》第40条第2项依法解除劳动合同，也需要依据《劳动合同法》第46条的规定支付经济补偿。

第 39 问

在个体工商户工作时被无理由开除可以申请劳动仲裁吗?

很多劳动者在给个体工商户（如便利店、小餐馆）打工时，一般情况下，都不会签订劳动合同，不能确定这种情况下与该个体工商户之间是否属于劳动关系，遇到被无故开除也不知道如何维权。其实，劳动者与个体工商户之间是否存在劳动关系，不能简单依据是否签订劳动合同来判断，而应该从以下这三个方面分析。

第一，判断个体工商户是否属于法律意义上的用人单位。《劳动法》第2条第1款规定，在中华人民共和国境内的企业、个体经济组织和与之形成劳动关系的劳动者，适用本法。而《关于贯彻执行〈中华人民共和国劳动法〉若干问题的意见》明确指出，"劳动法第二条中的'个体经济组织'是指一般雇工在七人以下的个体工商户"。因此，只要是经过合法注册，拥有营业执照的个体工商户，都是合法的用工主体，与其他企业一样统称为"用人单位"。

第二，判断劳动者是否要接受该个体工商户的管理，日常从事的工作是否由其安排。一般情况下，这个答案都是肯定的。例如，一家便利店的售货员需要按照老板要求的时间上下班，完成老板安排的理货、售货等工作任务。

第三，判断劳动者从事的工作是不是属于该个体工商户的业务组成部分。同样，便利店销售员、小餐馆服务员相关的工作都是该店铺的业务经营内容的组成部分。

依据以上三点，给个体工商户打工的劳动者可以清楚认识到，自己是合法的劳动者，与个体工商户构成劳动关系，一旦遇到合法权益被侵害的情形，可以通过向劳动监察行政部门投诉、向劳动争议仲裁委员会申请劳动仲裁等合法方式维护自己的合法权益。被个体工商户无故开除的，可以要求其支付违法解除劳动关系的赔偿金。

第 40 问

劳动合同到期后继续工作（用人单位没有续签劳动合同），后期用人单位突然通知终止劳动关系合法吗？

根据《最高人民法院关于审理劳动争议案件适用法律问题的解释（一）》第34条的规定，这一问题的答案要根据劳动者与用人单位签订的劳动合同是第几份而定。如果双方签订的是第一份劳动合同，那么合同到期后，在双方没有续签的情况下，劳动者仍然继续工作，用人单位也默认的，一般视为双方同意以原来的条件继续履行劳动合同，此时双方的劳动关系处于一种相对自由的状态，无论是劳动者还是用人单位都可以随时终止劳动关系。需要注意的是，虽然用人单位享有随时终止劳动关系的权利，但在终止时，需要依据《劳动合同法》第46条的规定向劳动者支付经济补偿。

如果劳动者已经与用人单位签订了两份劳动合同，第二份劳动合同到期后，依据《劳动合同法》第14条的规定，除劳动者提出订立固定期限劳动合同的情形外，用人单位均应当与劳动者订立无固定期限劳动合同。但如果双方没有续签任何合同，用人单位继续用工的，一般直接视为双方之间存在无固定期限劳动合同关系，并以原劳动合同确定双方的权利义务关系。在此种情况下，劳动合同有无固定期限的保护，在劳动者没有过错的情况下，用人单位没有随时解除劳动合同的权利，任何随意解除和终止劳动合同的行为都属于违法行为。

四、劳动合同的解除与终止

第 *41* 问

劳动合同到期终止时可以要求公司支付经济补偿吗？

很多用人单位和劳动者都认为，劳动合同到期不续签就自然终止了，用人单位也没有其他违法行为，不需要向劳动者支付任何补偿，这种想法是错误的。《劳动合同法》第46条对用人单位需要向劳动者支付经济补偿的情况进行了明确规定，其中第5项规定，劳动合同期限届满，如果用人单位维持或者提高劳动合同约定条件续订劳动合同，劳动者不同意续订，则用人单位不需要向劳动者支付经济补偿。如果是用人单位的原因不续订劳动合同，则应当向劳动者支付经济补偿。需要注意的是，用人单位可以提高待遇条件续签劳动合同，也可以维持原来的待遇条件续签劳动合同。

例如，小王与公司签订了一份为期3年的劳动合同，每天工作8小时，每周休息2天，工资构成为每月6000元底薪、满勤奖500元及销售额5%的提成。劳动合同到期前一个月，公司与小王协商按原来的工资标准续签劳动合同，而小王已经联系好了另外一家公司，待遇比这家公司好，要求公司提高待遇，否则便不同意续签劳动合同。在此种情况下，公司不同意提高待遇的，劳动合同到期终止，公司不需要向小王支付经济补偿。如果公司直接提出不续签劳动合同，或者将工资降为底薪5000元续签，此时小王若不同意续签，劳动合同到期终止，公司需要依法向小王支付经济补偿。

第42问

女性"三期"期间,用人单位是否任何情况下都不能解除劳动合同?

《劳动合同法》第42条第4项规定,女职工在孕期、产期、哺乳期的,用人单位不得依照《劳动合同法》第40条、第41条的规定解除劳动合同。这一规定是对"三期"女职工的特殊保护,但其适用亦有例外。

当"三期"女职工存在严重过错时,用人单位有权解除劳动合同。《劳动合同法》第39条规定,劳动者有下列情形之一的,用人单位可以解除劳动合同:(1)在试用期间被证明不符合录用条件的;(2)严重违反用人单位的规章制度的;(3)严重失职,营私舞弊,给用人单位造成重大损害的;(4)劳动者同时与其他用人单位建立劳动关系,对完成本单位的工作任务造成严重影响,或者经用人单位提出,拒不改正的;(5)因《劳动合同法》第26条第1款第1项规定的情形致使劳动合同无效的;(6)被依法追究刑事责任的。

所以,在"三期"女职工存在上述规定的情形时,用人单位可以依法解除劳动合同,且不需要向女职工支付经济补偿或者赔偿金。

第 43 问

用人单位采用绩效考核末位淘汰制度合法吗？

末位淘汰是一些用人单位采用的一种管理制度，即依据考核结果，对得分靠后的员工予以淘汰的管理制度。

《劳动合同法》第4条第2、3、4款规定，用人单位在制定、修改或者决定有关劳动报酬、工作时间、休息休假、劳动安全卫生、保险福利、职工培训、劳动纪律以及劳动定额管理等直接涉及劳动者切身利益的规章制度或者重大事项时，应当经职工代表大会或者全体职工讨论，提出方案和意见，与工会或者职工代表平等协商确定。在规章制度和重大事项决定实施过程中，工会或者职工认为不适当的，有权向用人单位提出，通过协商予以修改完善。用人单位应当将直接涉及劳动者切身利益的规章制度和重大事项决定公示，或者告知劳动者。《最高人民法院关于审理劳动争议案件适用法律问题的解释（一）》第50条第1款规定，用人单位根据《劳动合同法》第4条的规定，通过民主程序制定的规章制度，不违反国家法律、行政法规及政策规定，并已向劳动者公示的，可以作为确定双方权利义务的依据。

四、劳动合同的解除与终止

根据以上法律和司法解释的规定，用人单位的规章制度要合法有效，并可以作为劳动争议案件中的依据的，必须同时符合以下条件：（1）规章制度的制定程序合法；（2）对规章制度的内容要进行公示或者告知劳动者；（3）不违反国家法律、行政法规及政策规定。另外，《劳动合同法》第80条规定，用人单位直接涉及劳动者切身利益的规章制度违反法律、法规规定的，由劳动行政部门责令改正，给予警告；给劳动者造成损害的，应当承担赔偿责任。

法律规定，在劳动者不能胜任工作的情况下，用人单位需要对其进行培训或者调岗，调岗后仍然不能胜任的，用人单位才享有解除劳动合同的权利。而绩效考核末位并不意味着劳动者不能胜任工作，因为无论劳动者的工作能力如何，这种考核制度都必然会存在末位。用人单位应当举证证明劳动者不能胜任的具体事实，而不能简单地以末位淘汰制度认定劳动者不能胜任工作。

因此，末位淘汰制度作为用人单位的规章制度，因违反法律规定，不能成为合法的管理依据。

第44问

用人单位不给开具离职证明怎么办?

为劳动者开具离职证明,是用人单位的法定义务。《劳动合同法》第50条第1、2款规定,用人单位应当在解除或者终止劳动合同时出具解除或者终止劳动合同的证明,并在15日内为劳动者办理档案和社会保险关系转移手续。劳动者应当按照双方约定,办理工作交接。用人单位依照《劳动合同法》有关规定应当向劳动者支付经济补偿的,在办结工作交接时支付。第89条规定,用人单位违反《劳动合同法》规定未向劳动者出具解除或者终止劳动合同的书面证明,由劳动行政部门责令改正;给劳动者造成损害的,应当承担赔偿责任。因此,用人单位拒绝开具离职证明是违法行为。

用人单位不为劳动者开具离职证明,一般会给劳动者造成损失,如不能领取失业保险金的损失、不能入职新公司导致的工资收入损失等。此时,劳动者可以选择的救济途径有:向劳动监察部门投诉,或者去劳动争议仲裁委员会申请仲裁。

五、特殊保护

导读

您是否在怀孕期间被要求出差、加班？您是否面对骚扰行为还认为忍让和躲避是解决问题的最好方式？

针对女性的生理特点采取特殊保护措施，保障她们在劳动或工作中的人身安全、人格尊严和身体健康，是对女性劳动者权益尊重和保障的体现。广大女性朋友对于职场中的违法行为，要勇敢说"不"，不仅要为自己争取权益，也要为其他女性树立榜样，进而推动整个职场环境的改善。

五、特殊保护

第 45 问

女职工怀孕期间用人单位安排出差的，可以拒绝吗？

这一问题需要从法律规定和劳动合同约定两方面考虑。

一方面，根据《女职工劳动保护特别规定》第6条第1、2款的规定，女职工在孕期不能适应原劳动的，用人单位应当根据医疗机构的证明，予以减轻劳动量或者安排其他能够适应的劳动；对怀孕7个月以上的女职工，用人单位不得延长劳动时间或者安排夜班劳动，并应当在劳动时间内安排一定的休息时间。也就是说，法律对怀孕期间身体有特殊情况以及怀孕7个月以上的女性都有特殊的保护，用人单位不但不能随意安排怀孕的女职工出差，还要根据实际情况减轻其劳动量、安排其一定的休息时间等。

另一方面，要看女职工和用人单位双方的劳动合同约定是怎样的，如果本来的工作内容是不出差的，反而在怀孕后，用人单位为了刁难而故意安排出差，在此种情况下用人单位的做法明显违反双方劳动合同的约定，女职工可以直接拒绝。而如果女职工原本的工作内容和性质就需要经常出差，那么在女职工怀孕7个月以下且身体没有特殊情况的前提下，用人单位正常安排其出差，一般是合理合法的。如果女职工在怀孕期间存在身体不适等特殊情况，可以依据医疗机构开具的诊断证明等相关材料，与用人单位积极沟通，说明情况，履行好公司规章制度规定的请假手续，保存好相关的沟通记录，一切以孕妇的身体健康和胎儿的安全为前提。总体而言，用人单位一般是不能强迫女职工出差的。

五、特殊保护

第46问

遭遇职场性骚扰时如何维护自己的合法权益?

《妇女权益保障法》第23条规定,禁止违背妇女意愿,以言语、文字、图像、肢体行为等方式对其实施性骚扰。受害妇女可以向有关单位和国家机关投诉。接到投诉的有关单位和国家机关应当及时处理,并书面告知受害妇女处理结果。受害妇女可以向公安机关报案,也可以向人民法院提起民事诉讼,依法请求行为人承担民事责任。第80条规定,违反《妇女权益保障法》规定,对妇女实施性骚扰的,由公安机关给予批评教育或者出具告诫书,并由所在单位依法给予处分。学校、用人单位违反《妇女权益保障法》规定,未采取必要措施预防和制止性骚扰,造成妇女权益受到侵害或者社会影响恶劣的,由上级机关或者主管部门责令改正;拒不改正或者情节严重的,依法对直接负责的主管人员和其他直接责任人员给予处分。《民法典》第1010条规定,违背他人意愿,以言语、文字、图像、肢体行为等方式对他人实施性骚扰的,受害人有权依法请求行为人承担民事责任。机关、企业、学校等单位应当采取合理的预防、受理投诉、调查处置等措施，防止和制止利用职权、从属关系等实施性骚扰。另外，《治安管理处罚法》第44条规定，猥亵他人的，或者在公共场所故意裸露身体，情节恶劣的，处5日以上10日以下拘留；猥亵智力残疾人、精神病人、不满14周岁的人或者有其他严重情节的，处10日以上15日以下拘留。对于更加严重的情况，《刑法》第237条第1、2款规定，以暴力、胁迫或者其他方法强制猥亵他人或者侮辱妇女的，处5年以下有期徒刑或者拘役；聚众或者在公共场所当众犯前述罪的，或者有其他恶劣情节的，处5年以上有期徒刑。

因此，在遭遇职场性骚扰时，应收集证据，如聊天记录、电子邮件、录音录像资料等，然后向用人单位、有关部门投诉或报警。

五、特殊保护

第 47 问

怀孕初期赶上用人单位装修，为了胎儿安全可以拒绝到装修完的地点办公吗？

首先，根据《职业病防治法》第4条第1、2款的规定，劳动者依法享有职业卫生保护的权利。用人单位应当为劳动者创造符合国家职业卫生标准和卫生要求的工作环境和条件，并采取措施保障劳动者获得职业卫生保护。

其次，《女职工劳动保护特别规定》第3条规定，用人单位应当加强女职工劳动保护，采取措施改善女职工劳动安全卫生条件，对女职工进行劳动安全卫生知识培训。另外，该规定附录中的"女职工在孕期禁忌从事的劳动范围"第1种就是"作业场所空气中铅及其化合物、汞及其化合物、苯、镉、铍、砷、氰化物、氮氧化物、一氧化碳、二硫化碳、氯、己内酰胺、氯丁二烯、氯乙烯、环氧乙烷、苯胺、甲醛等有毒物质浓度超过国家职业卫生标准的作业"。而装修中使用的人造板材、涂料、石材等材料均会释放出甲醛、苯、甲苯、二甲苯等有害气体，属于上述范围，并且在夏季高温天气时甲醛等有害物质的释放量要比平常高出很多。高浓度的甲醛会刺激人们的眼睛、呼吸道黏膜。如果长期低剂量吸入甲醛，会造成慢性呼吸道疾病、女性月经紊乱，女性长期吸入甲醛，甚至会导致胎儿畸形、癌症等。

因此，从孕妇及胎儿的安全角度考虑，女职工面对此类问题时，可以先与用人单位进行协商，选择在安全的地点办公或者居家办公，在尽量不影响工作的同时避免对身体的损害。如果用人单位坚持不同意进行调整，怀孕女职工可以拒绝到新的工作地点办公，用人单位如果认为该行为属于旷工并解除劳动合同的，属于违法解除劳动合同，应当支付赔偿金及相应的产期、哺乳期的工资损失。另外，因用人单位也属于《劳动合同法》第38条第1款第1项中的"未按照劳动合同约定提供劳动保护或者劳动条件的"，或者属于该条第2款中的"强令冒险作业危及劳动者人身安全"的情况，怀孕女职工也可以选择以此为由，提出被迫解除劳动合同，并且要求用人单位支付经济补偿。

第 48 问

经期身体不适可以申请休假吗？

首先，根据《劳动保障监察条例》第23条的规定，用人单位不得安排女职工在经期从事高处、低温、冷水作业或者国家规定的第三级体力劳动强度的劳动。该规定虽然没有直接规定经期女职工可以休假，但是确实规定了经期女职工的工作限制，这意味着对经期女职工的特殊保护。

其次，对于经期有严重不适的女性，根据《女职工保健工作规定》第7条的规定，患有重度痛经及月经过多的女职工，经医疗或妇幼保健机构确诊后，月经期间可适当给予1至2天的休假。这虽然不是强制性规定，但一般而言，比较人性化的用人单位或者团体针对女性经期不适的，在女职工提出休息的请求后，都会允许或者直接安排女职工每月休经期假。

因此，女职工遇到经期不适的，可以向用人单位说明情况，申请休息，用人单位有相应制度的，应配合提交相应的诊断材料。同时也要注意，目前为止，法律没有强制性规定经期不适用人单位必须给予女职工休假，具体是否可以申请休假还需要根据当地的规定和用人单位的规章制度来确定。但从另一角度考虑，事实上，女职工经期不适也属于疾病的一种，女职工还可以向用人单位提交相应的诊断材料，申请病假休息。

六、恋爱结婚

导读

您是否认为男朋友给的红包以及分手后的"青春损失费",他不能再要回去?您是否认为只有办理婚姻登记后才产生夫妻之间的一切权利义务?您是否认为遭受配偶家庭暴力只能选择隐忍?

女性在恋爱结婚过程中的财产权益和人身权益受到法律保障,广大女性朋友需要明确自己在婚姻和家庭中的权利和义务,依法保护自己的权益,了解婚姻中的特殊保护,为婚姻生活做好准备,并增强自己的法律意识和维权能力,这对于维护家庭和谐、推动社会性别平等亦关系重大。

六、恋爱结婚

第49问

男女恋爱期间，男方发给女方的节日红包在分手后能要回去吗？

《民法典》第657条规定："赠与合同是赠与人将自己的财产无偿给予受赠人，受赠人表示接受赠与的合同。"第658条规定："赠与人在赠与财产的权利转移之前可以撤销赠与。经过公证的赠与合同或者依法不得撤销的具有救灾、扶贫、助残等公益、道德义务性质的赠与合同，不适用前款规定。"第143条规定："具备下列条件的民事法律行为有效：（一）行为人具有相应的民事行为能力；（二）意思表示真实；（三）不违反法律、行政法规的强制性规定，不违背公序良俗。"由此可见，男方作为有完全民事行为能力的成年人，因情侣关系发给女方的节日红包属于赠与财产行为，是真实意思表示，在女方收取前，其可以选择撤销赠与；而在女方收取后，红包中的财产便已归女方所有，财产权利已经转移给女方，此时男方不得撤销赠与，即使分手了也不得要回。但是，如果男方发节日红包的行为违反法律、行政法规的强制性规定或者违反公序良俗，则属无效民事行为，女方获得的财产应予返还。例如，男方已婚，则其未经配偶同意给女方发的"520元""1314元""999元"等节日红包，损害了夫妻共同财产，违反公序良俗，男方及其配偶均可以赠与行为无效向女方主张返还财产。

第 50 问

男女恋爱后分手，女方可以向男方索要"青春损失费"吗？

"青春损失费""感情损失费""分手费"等并不是法律概念。我国现行法律法规并没有对是否应该支付此类费用作出明确规定。因此，如女方想要男方支付"青春损失费"，建议双方协商处理，不建议向法院起诉。如果男方具备完全民事行为能力，基于真实意思表示自愿支付"青春损失费""感情损失费""分手费"等费用，且不存在违反法律法规的强制性规定或者公序良俗的情况，则在协商一致的情况下，女方可以从男方处收取"青春损失费"，之后即使男方反悔也不可要求返还。如果直接将男方起诉至法院要求其支付"青春损失费"，法院极可能会因为缺乏法律依据而驳回诉求。

第51问

男女恋爱期间共同购买的汽车分手时归谁所有？

《民法典》第308条规定："共有人对共有的不动产或者动产没有约定为按份共有或者共同共有，或者约定不明确的，除共有人具有家庭关系等外，视为按份共有。"第309条规定："按份共有人对共有的不动产或者动产享有的份额，没有约定或者约定不明确的，按照出资额确定；不能确定出资额的，视为等额享有。"

男女恋爱期间共同购买的汽车，如果双方没有明确约定该车辆系按份共有或者共同共有，或者约定不明确的，则男女双方应按份共有该车辆。至于占有车辆产权份额的多少，应先看双方有无约定，如果没有约定或者约定不明确，则按照实际出资额确定占有份额。例如，购车款共10万元，女方出资6万元，男方出资4万元，则女方占车辆60%的产权，男方占车辆40%的产权。如果不能确定出资比例，则视为等额享有。例如，男女双方恋爱时均不定时、不定额地往同一账户存钱，并通过该账户资金支付购车款的，则因难以区分购买车辆各自的出资额，男女双方各享有50%的车辆产权。

六、恋爱结婚

第 52 问

男女双方一直以夫妻名义共同生活时，属于受法律保护的夫妻吗？

《民法典》第1049条规定："要求结婚的男女双方应当亲自到婚姻登记机关申请结婚登记。符合本法规定的，予以登记，发给结婚证。完成结婚登记，即确立婚姻关系。未办理结婚登记的，应当补办登记。"因此，男女双方想要缔结婚姻关系成为夫妻的，应当依法到婚姻登记机关完成结婚登记，经结婚登记的有效婚姻关系受法律认可及保护。除法律另有规定外，男女双方在夫妻关系存续期间形成的财产为夫妻共同财产，并可在离婚时分割夫妻共同财产，如一方去世，另一方还可以配偶身份主张享有继承权。

《最高人民法院关于适用〈中华人民共和国民法典〉婚姻家庭编的解释（一）》第7条规定："未依据民法典第一千零四十九条规定办理结婚登记而以夫妻名义共同生活的男女，提起诉讼要求离婚的，应当区别对待：（一）1994年2月1日民政部《婚姻登记管理条例》公布实施以前，男女双方已经符合结婚实质要件的，按事实婚姻处理。（二）1994年2月1日民政部《婚姻登记管理条例》公布实施以后，男女双方符合结婚实质要件的，人民法院应当告知其补办结婚登记。未补办结婚登记的，依据本解释第三条规定处理。"

上述司法解释第3条规定："当事人提起诉讼仅请求解除同居关系的，人民法院不予受理；已经受理的，裁定驳回起诉。当事人因同居期间财产分割或者子女抚养纠纷提起诉讼的，人民法院应当受理。"

综上所述，如果男女双方在1994年2月1日前已经符合结婚实质要件且以夫妻名义共同生活，则即使未办理结婚登记，也构成事实婚姻，受法律认可和保护；如果男女双方在1994年2月1日后开始同居，则即使双方符合结婚实质要件且以夫妻名义共同生活，仍应办理或补办结婚登记，否则婚姻关系不受法律认可，只能成立同居关系。

第 53 问

夫妻关系存续期间要求丈夫签订的忠诚协议有效吗？

《民法典》第464条规定："合同是民事主体之间设立、变更、终止民事法律关系的协议。婚姻、收养、监护等有关身份关系的协议，适用有关该身份关系的法律规定；没有规定的，可以根据其性质参照适用本编规定。"第465条第1款规定："依法成立的合同，受法律保护。"夫妻忠诚协议虽非法律规定的有名合同，但属于夫妻双方之间建立民事法律关系的协议，故属于合同。但是，夫妻忠诚协议中有关身份关系的约定应优先适用有关身份关系的法律规定。例如，忠诚协议约定"如丈夫与他人发生性关系，则双方离婚，且丈夫丧失子女的监护权"，应优先适用《民法典》中关于婚姻、监护的法律规定。因此，接下来仅对夫妻忠诚协议中不涉及身份关系的部分进行探讨。例如，忠诚协议约定"如丈夫与他人发生性关系的，应向妻子赔偿1万元"，此约定是否有效应根据《民法典》合同编关于合同效力的规定进行判断。

《民法典》第508条规定:"本编对合同的效力没有规定的,适用本法第一编第六章的有关规定。"《民法典》第一编第六章系对"民事法律行为"的规定,其中第143条规定:"具备下列条件的民事法律行为有效:(一)行为人具有相应的民事行为能力;(二)意思表示真实;(三)不违反法律、行政法规的强制性规定,不违背公序良俗。"因此,如果夫妻双方订立忠诚协议时满足民事法律行为有效的条件,则该协议不涉及身份关系的部分有效。

但是,基于夫妻财产共同共有的特性,如不以离婚为前提,在没有对婚内财产作出分别财产制约定的情况下,丈夫在婚内将属于夫妻共同财产的1万元赔偿给妻子,妻子在婚内获得的该1万元仍属于夫妻共同财产。结合司法实践观点,满足民事法律行为有效条件的夫妻忠诚协议,涉及财产关系的部分,如在婚内主张的,至少应当实行分别财产制,否则只能在离婚时主张。

六、恋爱结婚

第 54 问

丈夫对妻子实施家庭暴力，妻子该如何维护自己的合法权益？

根据《民法典》第1024条、《妇女权益保障法》第65条和《反家庭暴力法》第3条的规定，国家禁止家庭暴力。根据《反家庭暴力法》第2条以及《最高人民法院关于办理人身安全保护令案件适用法律若干问题的规定》第3条的规定，家庭暴力是指家庭成员之间以殴打、捆绑、残害、限制人身自由、冻饿以及经常性谩骂、恐吓、侮辱、诽谤、威胁、跟踪、骚扰等方式实施的身体、精神等侵害行为。结合《民法典》《妇女权益保障法》《反家庭暴力法》等有关规定，当遭受家庭暴力时，受害者可以通过以下途径维护自己的合法权益。

1.投诉、反映或者求助。妻子可以向自己或者丈夫所在单位、居民委员会、村民委员会、妇女联合会等单位投诉、反映或者求助。在向上述单位进行投诉、反映或者求助时，应做好书面记录。不仅如此，受害者还可以到人民政府设立的临时庇护场所寻求临时生活帮助。

2.报案。可以向公安机关报案，要求公安机关积极调查取证，包括做笔录、开具介绍信协助就医并鉴定伤情、调取可能记录家庭暴力过程的监控记录等，并依法出具报案回执、立案或不予立案通知书，依法予以行政处罚的，应作出行政处罚决定书。即使案件情节较轻达不到治安管理处罚标准，受害者仍可以要求公安机关出具包含身份信息及家庭暴力事实陈述的家庭暴力告诫书。

3.起诉。受害者可以丈夫犯故意伤害罪为由，向人民法院提起刑事自诉、刑事附带民事诉讼，也可以以丈夫侵犯健康权、身体权等人身权利为由，向人民法院提起民事诉讼，还可以存在家庭暴力、夫妻感情确已破裂为由，向人民法院起诉离婚。

4.申请人身安全保护令。可以向人民法院申请人身安全保护令，法院在受理后对应提交的申请材料进行审查，如认为申请人遭受家庭暴力或者面临家庭暴力现实危险的事实存在较大可能性，应依法作出人身安全保护令。人身安全保护令通过对丈夫作出一系列限制性措施，以保护妻子的人身安全。人身安全保护令包括但不限于禁止实施家庭暴力，禁止骚扰、跟踪、接触妻子及其相关近亲属；责令丈夫迁出申请人住所；禁止以任何方式侮辱、诽谤、威胁妻子及其相关近亲属；禁止在妻子及其相关近亲属的住所、学校、工作单位等经常出入场所的一定范围内从事可能影响妻子及其相关近亲属正常生活、学习、工作的活动以及其他保护妻子人身安全的措施。

5.搜集证据。妻子应该积极搜集并保存丈夫实施家庭暴力的证据,无法自行获取的,还可以在诉讼时向人民法院申请调取证据。证明家庭暴力的证据类型多样,包括但不限于:(1)向有关单位投诉、反映或者求助时的书面记录;(2)公安机关出具的出警记录、报案回执、立案或不予立案通知书、行政处罚决定书、家庭暴力告诫书、讯问笔录、伤情鉴定意见书;(3)丈夫出具的列明家庭暴力发生时间、过程事实的悔过书或保证书等;(4)实施家庭暴力以及谈判、协商、和解、调解等过程的监控记录、录音录像、证人证言等;(5)遭受家庭暴力后受伤处的照片以及因遭受家庭暴力受伤的就诊记录。

第 55 问

女方收了彩礼后,如果分手或离婚,彩礼需要返还吗?

《最高人民法院关于适用〈中华人民共和国民法典〉婚姻家庭编的解释(一)》第5条规定:"当事人请求返还按照习俗给付的彩礼的,如果查明属于以下情形,人民法院应当予以支持:(一)双方未办理结婚登记手续;(二)双方办理结婚登记手续但确未共同生活;(三)婚前给付并导致给付人生活困难。适用前款第二项、第三项的规定,应当以双方离婚为条件。"

根据自2024年2月1日起施行的《最高人民法院关于审理涉彩礼纠纷案件适用法律若干问题的规定》第5条规定:"双方已办理结婚登记且共同生活,离婚时一方请求返还按照习俗给付的彩礼的,人民法院一般不予支持。但是,如果共同生活时间较短且彩礼数额过高的,人民法院可以根据彩礼实际使用及嫁妆情况,综合考虑彩礼数额、共同生活及孕育情况、双方过错等事实,结合当地习俗,确定是否返还以及返还的具体比例。人民法院认定彩礼数额是否过高,应当综合考虑彩礼给付方所在地居民人均可

六、恋爱结婚

支配收入、给付方家庭经济情况以及当地习俗等因素。"第6条规定:"双方未办理结婚登记但已共同生活,一方请求返还按照习俗给付的彩礼的,人民法院应当根据彩礼实际使用及嫁妆情况,综合考虑共同生活及孕育情况、双方过错等事实,结合当地习俗,确定是否返还以及返还的具体比例。"

对以上内容的整理如表6-1所示。

表6-1 彩礼是否返还及返还比例的具体情形

是否登记结婚 \ 是否共同生活	未共同生活	已共同生活
未登记结婚	应予支持返还彩礼	根据彩礼实际使用及嫁妆情况,综合考虑共同生活及孕育情况、双方过错等事实,结合当地习俗,确定是否返还以及返还的具体比例
已登记结婚 (以离婚为条件)	应予支持返还彩礼	一般不予支持返还彩礼,但如果共同生活时间较短且彩礼数额过高,可以根据彩礼实际使用及嫁妆情况,综合考虑彩礼数额、共同生活及孕育情况、双方过错等事实,结合当地习俗,确定是否返还以及返还的具体比例

据此，女方在收取彩礼后与男方分手，无法办理结婚登记手续的，如果确未共同生活，则男方如起诉要求女方返还彩礼的，法院应予支持；如果已共同生活，则要综合考虑彩礼实际使用、嫁妆情况、共同生活及孕育情况、双方过错等事实，并结合当地习俗确定是否返还和返还比例。

七、夫妻离婚

导读

您是否认为到民政部门协议离婚一定比诉讼离婚更好？您是否认为诉讼离婚就一定能离成？您是否认为不清楚财产情况就无法分割财产？

离婚有两种方式：一种是到民政部门协议离婚并完成离婚登记，另一种是到人民法院诉讼离婚。二者没有优劣之分，只是在受理机构、程序等方面有所不同。

并非起诉至法院要求离婚，法院就一定会判决准予离婚。法院会依法审查是否存在调解无效、感情确已破裂、应当准予离婚的情形，再行判决。

起诉离婚后，法院会给双方发出《夫妻共同财产申报令》，要求双方依法申报财产，以查明、分割财产。

第56问

协议离婚与诉讼离婚有哪些区别？

协议离婚与诉讼离婚的区别可见表7-1。

表7-1 协议离婚与诉讼离婚的区别

	协议离婚	诉讼离婚
受理机构	婚姻登记机关	人民法院
流程	1.提交申请 2.婚姻登记机关受理申请 3.30日冷静期 4.冷静期满后30日内申请发放离婚证 5.婚姻登记机关审查离婚登记程序和条件 6.婚姻登记机关登记并发放离婚证	1.提交立案申请 2.符合起诉条件的法院受理立案 3.诉前调解 4.开庭审理 5.宣判
提交材料	离婚登记申请书、结婚证、身份证件、离婚协议书、照片及婚姻登记机关要求的其他材料	民事起诉状、证据清单及证据、结婚证、身份证件及受理法院要求的其他材料

续表

	协议离婚	诉讼离婚
时长	超过30日	1.按简易程序审理的，应在立案之日起3个月内审结。有特殊情况需要延长的，经本院院长批准，可以延长1个月。 2.按普通程序审理的，应在立案之日起6个月内审结。有特殊情况需要延长的，经本院院长批准，可以延长6个月；还需要延长的，报请上级人民法院批准
费用	离婚证工本费9元，存档费40元（具体以婚姻登记机关收费规定为准）	法院依《诉讼费用交纳办法》收取诉讼费用，离婚案件每件交纳诉讼费50元至300元。涉及财产分割，财产总额不超过20万元的，不另行交纳；超过20万元的部分，按照0.5%交纳
离婚证明	离婚证	离婚判决书、调解书、离婚证明书

七、夫妻离婚

综上所述，协议离婚和诉讼离婚在受理机构、提交材料、时间和经济成本等各个方面均有区别。就成功离婚的速度而言，如果不存在撤销离婚登记等情形，协议离婚一般比诉讼离婚更快，但是，如果在起诉离婚后，双方在诉前调解阶段即达成离婚的调解协议，则可直接让法院出具调解书。在此种情形下，诉讼离婚也可能比协议离婚更快达成离婚的目的。

第 57 问

只要向法院起诉离婚就一定能离成吗？

向法院起诉离婚不一定能离成，主要受以下两点影响。

1.并非起诉离婚就一定会被受理。《民法典》第1081条规定："现役军人的配偶要求离婚，应当征得军人同意，但是军人一方有重大过错的除外。"第1082条规定："女方在怀孕期间、分娩后一年内或者终止妊娠后六个月内，男方不得提出离婚；但是，女方提出离婚或者人民法院认为确有必要受理男方离婚请求的除外。"因此，并非只要向法院提交离婚纠纷案的立案申请，法院就一定会受理立案，如果出现上述法条中的情形，法院则会裁定不予受理。

2.并非法院受理了就一定能判离。《民法典》第1079条第2款规定："人民法院审理离婚案件，应当进行调解；如果感情确已破裂，调解无效的，应当准予离婚。"由此可见，法院是否判决离婚的关键在于查明夫妻感情是否确已破裂。其中，该法条第3款列举了夫妻感情确已破裂的情形，包括：（1）重婚或者与他人同居；（2）实施家庭暴力或者虐待、遗弃家庭成员；

七、夫妻离婚

（3）有赌博、吸毒等恶习屡教不改；（4）因感情不和分居满2年；（5）其他导致夫妻感情破裂的情形。

但是，从大量案例的情况看，即使一方出现上述情形，法院也可能会因为感情确已破裂的证据不充分或者认为感情仍有挽回可能而判决不予离婚。那么，是否只有感情确已破裂且调解无效的才能判决离婚呢？这也并不绝对。例如，根据《民法典》第1079条第4款、第5款的规定，以下情形应当准予离婚：（1）一方被宣告失踪，另一方提起离婚诉讼的；（2）经人民法院判决不准离婚后，双方又分居满1年，一方再次提起离婚诉讼的。

第 58 问

一审诉讼判决不准离婚该怎么办？

提起离婚诉讼后，法院经过一审程序判决不准离婚的，如仍想离婚，有以下处理方式。

1.向上一级人民法院提起上诉。《民事诉讼法》第171条第1款规定："当事人不服地方人民法院第一审判决的，有权在判决书送达之日起十五日内向上一级人民法院提起上诉。"因此，对一审判决不准离婚不服的可以提起上诉，在二审程序中主张改判准予离婚，但经二审法院审查后，除非确有认定事实不清或错误、适用法律错误、严重违反法定程序等情形，否则一般不会改判或发回重审。

2.再次提起离婚诉讼。《民事诉讼法》第127条规定："人民法院对下列起诉，分别情形，予以处理……（七）判决不准离婚和调解和好的离婚案件，判决、调解维持收养关系的案件，没有新情况、新理由，原告在六个月内又起诉的，不予受理。"另外，《民法典》第1079条规定："……人民法院审理离婚案件，应当进行调解；如果感情确已破裂，调解无效的，应当准予离婚……

七、夫妻离婚

经人民法院判决不准离婚后,双方又分居满一年,一方再次提起离婚诉讼的,应当准予离婚。"因此,可以在一审判决不准离婚的判决书生效的6个月后再次起诉至法院请求判决准予离婚,但法院仍会依法审查是否存在调解无效、感情确已破裂、应当准予离婚的情形,并不会因再次起诉便一定判决准予离婚。如希望提高再次起诉离婚的成功率,可以在一审判决后与丈夫分居,并保留分居的证据,如租赁合同、录音、录像、证人证言等,待一审判决书生效且分居满1年后再次起诉离婚,则法院应当依据《民法典》第1079条第5款的规定判决准予离婚。

3.达成离婚协议并申请离婚登记。《民法典》第1076条第1款规定:"夫妻双方自愿离婚的,应当签订书面离婚协议,并亲自到婚姻登记机关申请离婚登记。"因此,可以继续就离婚事宜进行协商,如双方能达成一致,则可以订立离婚协议,并办理离婚登记。

第 59 问

想和丈夫离婚并分割夫妻共同财产,但不知道丈夫的财产情况又怕财产被转移时该怎么办?

《妇女权益保障法》第67条规定:"离婚诉讼期间,夫妻一方申请查询登记在对方名下财产状况且确因客观原因不能自行收集的,人民法院应当进行调查取证,有关部门和单位应当予以协助。离婚诉讼期间,夫妻双方均有向人民法院申报全部夫妻共同财产的义务。一方隐藏、转移、变卖、损毁、挥霍夫妻共同财产,或者伪造夫妻共同债务企图侵占另一方财产的,在离婚分割夫妻共同财产时,对该方可以少分或者不分财产。"《最高人民法院关于适用〈中华人民共和国民法典〉婚姻家庭编的解释(一)》第85条规定:"夫妻一方申请对配偶的个人财产或者夫妻共同财产采取保全措施的,人民法院可以在采取保全措施可能造成损失的范围内,根据实际情况,确定合理的财产担保数额。"

因此,女方在起诉离婚后,因客观原因无法自行收集丈夫的财产信息的,可以向法院申请调查取证,由法院前往有关机构调取证据,或者由律师向法院申请出具律师调查令,并在出令后持

七、夫妻离婚

令前往有关机构调取证据。另外，在离婚纠纷案件中如涉及财产分割，人民法院应向女方和其丈夫发出《夫妻共同财产申报令》，责令双方通过填写申报表、提供财产凭证、签署保证书等方式依法如实、全面申报财产，任意一方有隐藏、转移、变卖、毁损、挥霍夫妻共同财产的行为的，在分割夫妻共同财产时，均可能被法院判决少分或者不分财产。

第 60 问

丈夫对妻子实施家暴，妻子可以在离婚时要求丈夫赔偿吗？

《民法典》第1091条规定："有下列情形之一，导致离婚的，无过错方有权请求损害赔偿：（一）重婚；（二）与他人同居；（三）实施家庭暴力；（四）虐待、遗弃家庭成员；（五）有其他重大过错。"根据《最高人民法院关于适用〈中华人民共和国民法典〉婚姻家庭编的解释（一）》第86条、第87条第3款以及第89条的规定，当事人依据《民法典》第1091条的规定向人民法院提出离婚损害赔偿请求，可包括物质损害赔偿和精神损害赔偿，但不得在婚姻关系存续期间提起，必须以离婚为条件。

综上所述，如丈夫对妻子实施家庭暴力，当离婚的结果系由家庭暴力行为导致，且妻子不存在导致离婚结果的任何过错时，妻子有权请求损害赔偿。如系诉讼离婚的，妻子可以在离婚诉讼中向法院提出损害赔偿请求或在判决离婚后就损害赔偿另行提起诉讼；如系到民政部门协议离婚并办理离婚登记，妻子可以在离

七、夫妻离婚

婚协议中约定由丈夫支付离婚损害赔偿，如没有约定或没有明确放弃离婚损害赔偿的，也可以在办理离婚登记手续后另行提起诉讼。

八、夫妻财产

导读

您是否认为谁赚的钱就是谁的,自己对丈夫的财产不享有任何权利?您是否认为房子登记在谁名下就是谁个人所有?

在婚姻关系中,财产问题往往是引起纠纷的重要原因之一。夫妻共同财产的创造和取得,既包含负责"赚钱"一方的劳动价值,也包含为维持家庭稳定、使对方安心投入工作的另一方的劳动价值。广大女性朋友应当对哪些财产属于夫妻共同所有,哪些属于个人所有牢记于心,勇于维护自己的财产权益,不再因性别而受到不公正待遇,还可以在婚前或婚后与配偶明确财产归属,减少因财产问题而产生的矛盾和冲突,促进家庭和谐。

八、夫妻财产

第61问

夫妻在婚姻关系存续期间的哪些财产属于共同财产?

根据《民法典》第1062条、第1063条以及《最高人民法院关于适用〈中华人民共和国民法典〉婚姻家庭编的解释(一)》第24条至第30条的规定,夫妻共同财产和夫妻个人财产的范围如表8-1所示。

表8-1 夫妻共同财产和夫妻个人财产的范围

夫妻共同财产	夫妻个人财产
1.工资、奖金、劳务报酬 2.生产、经营、投资的收益 3.实际取得或者已经明确可以取得的财产性的知识产权收益 4.继承或者受赠的财产,确定只归一方的除外 5.一方以个人财产投资取得的收益 6.男女双方实际取得或者应当取得的住房补贴、住房公积金	1.一方的婚前财产 2.一方因受到人身损害获得的赔偿或者补偿 3.遗嘱或者赠与合同中确定只归一方的财产 4.一方专用的生活用品 5.一方个人财产在婚后产生的孳息和自然增值 6.结婚前,父母为双方购置房屋的出资,但父母明

续表

夫妻共同财产	夫妻个人财产
7.男女双方实际取得或者应当取得的基本养老金、破产安置补偿费 8.一方个人财产在婚后产生的收益，孳息和自然增值除外 9.由一方婚前承租，婚后虽登记在一方名下，但系用共同财产购买的房屋 10.结婚前，父母明确表示赠与双方的，为双方购置房屋的出资 11.结婚后，父母没有约定赠与自己子女个人或者约定不明确，为双方购置房屋的出资 12.双方经书面约定由夫妻共同所有的婚姻关系存续期间所得的财产以及婚前财产 13.其他应当归共同所有的财产	确表示赠与双方的除外 7.结婚后，父母明确约定赠与自己子女个人的 8.军人的伤亡保险金、伤残补助金、医药生活补助费 9.其他应当归一方的财产

八、夫妻财产

第 62 问

订婚后，女方父母出资买房并登记在女方名下，该房产是属于女方的个人财产还是夫妻共同财产？

《最高人民法院关于适用〈中华人民共和国民法典〉婚姻家庭编的解释（一）》第29条规定："当事人结婚前，父母为双方购置房屋出资的，该出资应当认定为对自己子女个人的赠与，但父母明确表示赠与双方的除外。当事人结婚后，父母为双方购置房屋出资的，依照约定处理；没有约定或者约定不明确的，按照民法典第一千零六十二条第一款第四项规定的原则处理。"《民法典》第1062条第1款第4项规定："夫妻在婚姻关系存续期间所得的下列财产，为夫妻的共同财产，归夫妻共同所有……（四）继承或者受赠的财产，但是本法第一千零六十三条第三项规定的除外……"上述规定整理如表8-2。

表8-2 父母出资买房并登记在子女名下时房产性质的认定

父母赠与的意思表示 \ 购置房屋时的婚姻状态	未登记结婚	已登记结婚
明确表示赠与双方	子女及其配偶的夫妻共同财产	子女及其配偶的夫妻共同财产
没有明确表示赠与双方	子女的个人财产	子女及其配偶的夫妻共同财产

综上可见，女方父母在女方订婚后、结婚前出资购房并登记在女方个人名下，在父母没有赠与双方的明确意思表示情况下，该房产应属于女方的个人财产。

八、夫妻财产

第 63 问

婚后男女双方可以协议"AA 制"吗？

《民法典》第1065条第1、2款规定："男女双方可以约定婚姻关系存续期间所得的财产以及婚前财产归各自所有、共同所有或者部分各自所有、部分共同所有。约定应当采用书面形式。没有约定或者约定不明确的，适用本法第一千零六十二条、第一千零六十三条的规定。夫妻对婚姻关系存续期间所得的财产以及婚前财产的约定，对双方具有法律约束力。"婚后协议"AA 制"（人均分担消费费用），系对夫妻双方各自的收入和支出进行区别，约定各自的收入归各自所有、各自的支出从各自的财产中支付的一种俗称，实际上正是上述第1065条中婚姻关系存续期间所得的财产归各自所有的一种约定，我国法律允许男女双方作出以上约定，但应当采取书面形式。

第64问

离婚时家庭主妇能分割男方赚钱买的房子吗?

《民法典》第1062条规定:"夫妻在婚姻关系存续期间所得的下列财产,为夫妻的共同财产,归夫妻共同所有:(一)工资、奖金、劳务报酬;(二)生产、经营、投资的收益;(三)知识产权的收益;(四)继承或者受赠的财产,但是本法第一千零六十三条第三项规定的除外;(五)其他应当归共同所有的财产。夫妻对共同财产,有平等的处理权。"《妇女权益保障法》第66条第1款规定:"妇女对夫妻共同财产享有与其配偶平等的占有、使用、收益和处分的权利,不受双方收入状况等情形的影响。"

夫妻关系存续期间男方所赚的钱,无论是工资、奖金、劳务报酬,还是生产、经营、投资的收益等,都属于夫妻共同财产。男方用赚取的夫妻共同财产购置房产,仅系将夫妻共同财产从金钱转化成不动产,该房产仍为夫妻共同财产。因此,无论女方是否为家庭主妇,都对属于夫妻共同财产的房产享有平等的权利,离婚时自然也可以分割该房产。

八、夫妻财产

第 65 问

男方婚前或离婚时承诺将个人所有房屋的房产证加上女方的名字，又反悔的，女方可以要求继续加名吗？

《最高人民法院关于适用〈中华人民共和国民法典〉婚姻家庭编的解释（一）》第32条规定："婚前或者婚姻关系存续期间，当事人约定将一方所有的房产赠与另一方或者共有，赠与方在赠与房产变更登记之前撤销赠与，另一方请求判令继续履行的，人民法院可以按照民法典第六百五十八条的规定处理。"《民法典》第658条规定："赠与人在赠与财产的权利转移之前可以撤销赠与。经过公证的赠与合同或者依法不得撤销的具有救灾、扶贫、助残等公益、道德义务性质的赠与合同，不适用前款规定。"

男方在其个人所有的房屋产权证上加上女方的名字，实际上是将其名下的部分房产份额赠与女方，赠与后该房产由双方共有。男方在变更登记之前反悔，想要撤销赠与的，由于房屋的产权仍未转移，故女方不得要求加名。但如果男女双方之间就房屋产权变更事宜达成了赠与合同且经过公证，或者虽未经过

139

公证，但该赠与合同系依法不得撤销的属于公益、道德义务性质的合同，女方请求法院判令男方继续履行变更登记的，法院应予支持。

例如，双方在离婚协议中约定，因女方抚养未成年子女，且女方没有房产，故男方将其个人所有的某处房产赠与女方，作为女方抚养子女的住所，男方应自离婚证颁发之日起15个工作日内办理房屋产权变更登记手续。上述离婚协议在婚姻登记机构备存。但是，男方自离婚证颁发后一直没有办理产权变更登记手续，女方和子女一直居住在该房屋中。如果男方反悔想要撤销房产赠与，则法院通常会因该房产的赠与系基于履行子女抚养的道德义务，而对男方撤销赠与的主张不予支持。但是，如果该赠与违反法律法规的强制性规定，系以合法形式掩盖非法目的，则可能会被判决无效，如该赠与表面上是基于子女抚养，实际上系夫妻双方为躲避债务、转移财产所为，则债务人有权请求法院判决赠与合同无效。

八、夫妻财产

第 66 问

房子由男方在婚前支付首付且登记在男方名下，婚后共同偿还贷款的，离婚时该房产如何分割？

《最高人民法院关于适用〈中华人民共和国民法典〉婚姻家庭编的解释（一）》第78条规定："夫妻一方婚前签订不动产买卖合同，以个人财产支付首付款并在银行贷款，婚后用夫妻共同财产还贷，不动产登记于首付款支付方名下的，离婚时该不动产由双方协议处理。依前款规定不能达成协议的，人民法院可以判决该不动产归登记一方，尚未归还的贷款为不动产登记一方的个人债务。双方婚后共同还贷支付的款项及其相对应财产增值部分，离婚时应根据民法典第一千零八十七条第一款规定的原则，由不动产登记一方对另一方进行补偿。"《民法典》第1087条第1款规定："离婚时，夫妻的共同财产由双方协议处理；协议不成的，由人民法院根据财产的具体情况，按照照顾子女、女方和无过错方权益的原则判决。"

关于双方婚后共同还贷支付的款项及其相对应的财产增值部

分，有观点认为可以用公式表示为：应补偿数额=（共同还贷数额÷总购房款）×房产的现值×50%。[1]因此，如果房产由男方在婚前支付首付且登记在男方名下，在办理按揭贷款后用夫妻共同财产进行还贷，则离婚时该不动产由双方协议处理。不能达成协议的，房屋归男方所有，女方可以要求男方按照上述公式支付补偿款。同时，如果女方需要抚养子女、经济困难或在离婚中为无过错方的，还可以向法院主张按照照顾子女、女方和无过错方权益的原则进行多分。值得注意的是，在此情形下，女方在离婚分割时并非只能按照共同还贷数额获得补偿款，也可以向法院主张判决该房产归自己所有，如法院经审理后对女方请求予以支持的，则由女方向男方进行补偿。

---

[1] 最高人民法院民事审判第一庭编著：《最高人民法院民法典婚姻家庭编司法解释（一）理解与适用》，人民法院出版社2021年版，第667页。

八、夫妻财产

第 67 问

离婚时，女方在婚内以夫妻共同财产为自己和男方购买的保险应如何分割？

婚姻关系存续期间以夫妻共同财产投保，投保人和被保险人同为夫妻一方，离婚时处于保险期内，投保人不愿意继续投保的，保险人退还的保险单现金价值部分应按照夫妻共同财产处理；离婚时投保人选择继续投保的，投保人应当支付保险单现金价值的一半给另一方。据此，女方在婚内用夫妻共同财产为本人或男方购买的保险在离婚时未到期的，具体分割方式见表8-3。

表8-3　离婚时，女方在婚内以夫妻共同财产为本人或男方购买的保险的分割方式

投保人	被保险人	是否继续投保	离婚时财产分割情况
女方	女方	是	女方应当向男方支付离婚时保险单现金价值的一半
女方	女方	否	女方应当向男方支付退还的保险单现金价值的一半

续表

投保人	被保险人	是否继续投保	离婚时财产分割情况
女方	男方	是	可以向保险人提出，将投保人或被保险人变更为同一人，变更后的投保人应向另一方支付离婚时保险单现金价值的一半
		否	女方应当向男方支付退还的保险单现金价值的一半

八、夫妻财产

第68问

女方能在离婚时要求男方给予离婚经济补偿吗？

《民法典》第1088条规定："夫妻一方因抚育子女、照料老年人、协助另一方工作等负担较多义务的，离婚时有权向另一方请求补偿，另一方应当给予补偿。具体办法由双方协议；协议不成的，由人民法院判决。"《妇女权益保障法》第68条第2款规定："女方因抚育子女、照料老人、协助男方工作等负担较多义务的，有权在离婚时要求男方予以补偿。补偿办法由双方协议确定；协议不成的，可以向人民法院提起诉讼。"

离婚经济补偿可以由夫妻双方协议确定，如协议离婚的，应在离婚协议书中明确约定离婚经济补偿的金额以及支付方式、期限。《最高人民法院关于适用〈中华人民共和国民法典〉婚姻家庭编的解释（一）》第70条规定："夫妻双方协议离婚后就财产分割问题反悔，请求撤销财产分割协议的，人民法院应当受理。人民法院审理后，未发现订立财产分割协议时存在欺诈、胁迫等情形的，应当依法驳回当事人的诉讼请求。"因此，双方订立离婚协议时没有欺诈、胁迫等可撤销情形，也没有违反法律法规的强制性规定或违背公序良俗等导致离婚协议无效的情形，男方主张因离婚协议无效故无需向女方支付协议约定的离婚经济补偿的，法院不予支持。

协议不成的，离婚经济补偿还可以通过诉讼进行主张，既可以在协议离婚后向法院提起离婚后财产纠纷诉讼，也可以在离婚诉讼中一并主张。从司法实践看，由于目前没有法律明确规定离婚经济补偿的计算方式，实践中法院通常会综合以下因素酌定离婚经济补偿费：双方的经济状况、对家庭义务的负担情况、当事人的诉讼请求、双方过错程度、人身损害案件的精神赔偿金计付标准等。

八、夫妻财产

第 69 问

男方的债务，女方一定要共同偿还吗？

《民法典》第1064条规定："夫妻双方共同签名或者夫妻一方事后追认等共同意思表示所负的债务，以及夫妻一方在婚姻关系存续期间以个人名义为家庭日常生活需要所负的债务，属于夫妻共同债务。夫妻一方在婚姻关系存续期间以个人名义超出家庭日常生活需要所负的债务，不属于夫妻共同债务；但是，债权人能够证明该债务用于夫妻共同生活、共同生产经营或者基于夫妻双方共同意思表示的除外。"《最高人民法院关于适用〈中华人民共和国民法典〉婚姻家庭编的解释（一）》第33条规定："债权人就一方婚前所负个人债务向债务人的配偶主张权利的，人民法院不予支持。但债权人能够证明所负债务用于婚后家庭共同生活的除外。"一方以个人名义所负债务可能被认定为夫妻共同债务的情形如表8-4所示。

表8-4 一方以个人名义所负债务可能被认定为夫妻共同债务的情形

债务产生时期	属于夫妻共同债务的情形
婚前	债权人能够证明债务用于婚后家庭共同生活
婚姻关系存续期间	1.为家庭日常生活需要 2.虽超过家庭日常生活需要,但债权人能够证明债务用于夫妻共同生活、共同生产经营或者基于夫妻双方共同意思表示

值得注意的是,根据《最高人民法院关于适用〈中华人民共和国民法典〉婚姻家庭编的解释(一)》第34条的规定,如该债务系男方与第三人串通、虚构的,或者系男方个人在从事赌博、吸毒等违法犯罪活动中所负的,则均不属于夫妻共同债务,女方无须偿还。

八、夫妻财产

第70问

男方瞒着女方卖掉双方婚后购买的房产，女方可以把房产要回来吗？

根据《民法典》第1062条的规定，夫妻在婚姻关系存续期间所得的财产，除法律另有规定外，为夫妻共同财产，归夫妻共同所有，且夫妻双方对共同财产有平等的处理权。根据《民法典》第301条的规定，处分共有的不动产应当经全体共同共有人同意。但在现实生活中，经常出现归夫妻共同共有的房产仅登记在男方名下，男方未经女方同意即擅自出卖房产的情形。《民法典》第311条第1、2款规定："无处分权人将不动产或者动产转让给受让人的，所有权人有权追回；除法律另有规定外，符合下列情形的，受让人取得该不动产或者动产的所有权：（一）受让人受让该不动产或者动产时是善意；（二）以合理的价格转让；（三）转让的不动产或者动产依照法律规定应当登记的已经登记，不需要登记的已经交付给受让人。受让人依据前款规定取得不动产或者动产的所有权的，原所有权人有权向无处分权人请求损害赔偿。"从法律规定来看，男方瞒着女方出卖属于夫妻共同共有的房屋，构成无权处分，如果购房者依法完成房产物权转移登记时是善意的且以合理价格购买、无重大过失、不存在其他应当认定购房者知道卖家无权处分的情形的，则应认定购房者为善意受让人，女方不得撤销买卖合同并追回房产，但可以向男方请求损害赔偿。

　　由于夫妻共同财产共同共有的特性，女方在夫妻关系存续期间向男方请求损害赔偿的，赔偿款继续归入共同共有财产，则有可能使损害赔偿失去意义。因此，法院一般都会在夫妻间实行约定财产制或者离婚时才支持损害赔偿，如果女方希望在婚内主张损害赔偿，可以依据《民法典》第1066条的规定，在分割财产的同时主张损害赔偿。

八、夫妻财产

第71问

男方基于婚外情赠与第三者的钱、车、房等，女方可以要求返还吗？

根据《民法典》第1062条的规定，夫妻在婚姻关系存续期间所得的财产，除法律另有规定外，为夫妻共同财产，归夫妻共同所有，且夫妻双方对共同财产有平等的处理权。《民法典》第143条规定："具备下列条件的民事法律行为有效：（一）行为人具有相应的民事行为能力；（二）意思表示真实；（三）不违反法律、行政法规的强制性规定，不违背公序良俗。"第153条第2款规定："违背公序良俗的民事法律行为无效。"因此，男方基于婚外情赠与第三者钱、车、房等财产的，如所赠财物属于夫妻共同财产，损害了女方对夫妻共同财产的权益，且婚外情系对婚姻中忠实义务的违反，不利于维护和谐、稳定的婚姻关系，与应当遵守的社会道德背道而驰，违背了公序良俗，赠与行为应属无效，第三者构成不当得利。在此情形下，女方可以将第三者起诉至法院，要求其返还男方赠与的财物。

九、子女抚养

导读

您是否认为谁赚的钱多谁就能得到子女的抚养权？您是否认为子女的抚养费可给可不给、想给多少就给多少？您是否认为抚养权、抚养费一经确定就无法改变？

广大女性朋友可以在婚前或婚后更好地规划家庭生活和子女抚养问题，增强自己的法律意识，更加理性地看待和处理家庭问题，避免未来可能出现的抚养权纠纷。当抚养权纠纷发生时，广大女性朋友可以根据法律规定，采取合适的法律手段进行维权，保护自己和子女的合法权益。

九、子女抚养

第 72 问

我赚的钱没有丈夫多，如起诉离婚，法官会把孩子抚养权判给我吗？

根据《民法典》第1084条第3款以及《最高人民法院关于适用〈中华人民共和国民法典〉婚姻家庭编的解释（一）》第44条至第48条的规定，诉讼离婚的抚养权裁判方法整理如表9-1。

表9-1 诉讼离婚的抚养权裁判方法

子女年龄（周岁）	协商一致	协商不成
<2	按照协议，除非父亲直接抚养对子女健康成长有不利影响	原则上母亲直接抚养 母亲有下列情形之一，由父亲直接抚养的：（1）患有久治不愈的传染性疾病或者其他严重疾病，子女不宜与其共同生活；（2）有抚养条件不尽抚养义务，而父亲要求子女随其生活；（3）因其他原因，子女确不宜随母亲生活

续表

子女年龄（周岁）	协商一致	协商不成
≥2 <8	按照协议	按照最有利于未成年子女的原则判决
		父母均要求直接抚养，一方有下列情形之一的，可予优先考虑：（1）已做绝育手术或者因其他原因丧失生育能力；（2）子女随其生活时间较长，改变生活环境对子女健康成长明显不利；（3）无其他子女，而另一方有其他子女；（4）子女随其生活，对子女成长有利，而另一方患有久治不愈的传染性疾病或者其他严重疾病，或者有其他不利于子女身心健康的情形，不宜与子女共同生活
		父母抚养子女的条件基本相同，双方均要求直接抚养子女，但子女单独随祖父母或者外祖父母共同生活多年，且祖父母或者外祖父母要求并且有能力帮助子女照顾孙子女或者外孙子女的，可以作为父或者母直接抚养子女的优先条件予以考虑
≥8	按照协议	尊重子女真实意愿

在诉讼离婚中，涉及子女抚养权问题的，一般尊重夫妻双方

九、子女抚养

的约定，如双方能就由母亲抚养达成协议，无论女方收入水平高低，法院均予以支持。

如果夫妻双方无法达成协议，则须根据子女的年龄区别处理：如果孩子未满2周岁，除有上表中不宜随母亲生活的情形外，一般会将抚养权判给母亲；如果孩子已满2周岁，法院将根据双方的具体情况，按照最有利于未成年子女的原则判决；如果孩子已满8周岁，则应尊重子女真实意愿。

由此可见，女方即使收入没有男方多，也有很大概率获得孩子的抚养权。结合自身情形，如女方存在下列情形的，可积极向法院提交下列证据：

1.女方已做绝育手术或者丧失生育能力，如提交医疗证明诊断书、出院小结等。

2.女方与孩子一直共同生活、悉心照料孩子，如提交生活合照、抚养孩子支出凭证、接送孩子读书照片、陪同孩子参加亲子活动和家长会记录、陪同孩子就医记录等。

3.女方有抚养能力，如提交房产证、单位开具的工资证明、银行流水等。

4.与女方生活更有利于孩子成长，如提交学历证明、语言证书、其他专业技术或资格证明等。

5.与男方生活不利于孩子成长，如提交男方病历、诊断证

157

明、出院小结等疾病医疗记录，抽烟、酗酒、赌博照片或视频等不良生活习惯，以及报警记录、视频、验伤报告、医疗记录等家庭暴力证明等。

6.女方父母与孩子共同生活且有能力帮忙照顾孩子，如提交女方父母的房产证、银行流水、女方父母的说明等。

7.孩子与女方共同生活系其个人真实意愿，如提交孩子亲自写的说明、孩子录制的视频等。

九、子女抚养

第73问

孩子抚养权归我，前夫要支付抚养费吗？抚养费的数额和期限如何确定？

《民法典》第1085条规定："离婚后，子女由一方直接抚养的，另一方应当负担部分或者全部抚养费。负担费用的多少和期限的长短，由双方协议；协议不成的，由人民法院判决。前款规定的协议或者判决，不妨碍子女在必要时向父母任何一方提出超过协议或者判决原定数额的合理要求。"因此，离婚后孩子抚养权归女方的，男方应当负担抚养费。而负担抚养费的多少和期限的长短，如能和男方达成协议，则按协议履行；如协议不成，则由人民法院判决。

关于抚养费的数额，《最高人民法院关于适用〈中华人民共和国民法典〉婚姻家庭编的解释（一）》第49条规定："抚养费的数额，可以根据子女的实际需要、父母双方的负担能力和当地的实际生活水平确定。有固定收入的，抚养费一般可以按其月总收入的百分之二十至三十的比例给付。负担两个以上子女抚养费的，比例可以适当提高，但一般不得超过月总收入的百分之五十。无固定收入的，抚养费的数额可以依据当年总收入或者同行业平均收入，参照上述比例确定。有特殊情况的，可以适当提高或者降低上述比例。"

  关于抚养费的期限，《最高人民法院关于适用〈中华人民共和国民法典〉婚姻家庭编的解释（一）》第51条和第53条的规定，抚养费一般定期给付，有条件的也可以一次性给付，一般给付至子女18周岁为止。

九、子女抚养

第74问

孩子抚养权给了前夫，我还是监护人吗？

《民法典》第26条第1款规定："父母对未成年子女负有抚养、教育和保护的义务。"第27条第1款规定："父母是未成年子女的监护人。"第1084条第1、2款规定："父母与子女间的关系，不因父母离婚而消除。离婚后，子女无论由父或者母直接抚养，仍是父母双方的子女。离婚后，父母对于子女仍有抚养、教育、保护的权利和义务。"由此可见，父母离婚不影响父母与子女之间的关系。

同时，《民法典》第36条第1款规定："监护人有下列情形之一的，人民法院根据有关个人或者组织的申请，撤销其监护人资格，安排必要的临时监护措施，并按照最有利于被监护人的原则依法指定监护人：（一）实施严重损害被监护人身心健康的行为；（二）怠于履行监护职责，或者无法履行监护职责且拒绝将监护职责部分或者全部委托给他人，导致被监护人处于危困状态；（三）实施严重侵害被监护人合法权益的其他行为。"第37条规定："依法负担被监护人抚养费、赡养费、扶养费的父母、子女、配偶等，被人民法院撤销监护人资格后，应当继续履行负担的义务。"因此，父母离婚导致子女抚养权归一方所有的情形，并不属于《民法典》第36条第1款规定的经法定程序可撤销监护权的情形。抚养权不等同于监护权，法律上并没有因抚养权变更而导致丧失抚养权父母一方同时失去监护权的规定。综上，即使孩子的抚养权判给男方，女方仍是孩子的母亲，是孩子的监护人。

九、子女抚养

第75问

前夫获得孩子抚养权后不准我见孩子，我可以怎么办？

《最高人民法院关于适用〈中华人民共和国民法典〉婚姻家庭编的解释（一）》第68条规定："对于拒不协助另一方行使探望权的有关个人或者组织，可以由人民法院依法采取拘留、罚款等强制措施，但是不能对子女的人身、探望行为进行强制执行。"因此，如果孩子由男方抚养，男方拒不协助女方探望孩子的，女方可以向人民法院申请，要求人民法院依法对男方采取拘留、罚款等强制措施。

第 76 问

前夫对孩子抚养不得当，我可以要回抚养权吗？

如果认为男方抚养孩子不得当，女方可以通过以下两种方式要回抚养权。

1.协议变更抚养权。《最高人民法院关于适用〈中华人民共和国民法典〉婚姻家庭编的解释（一）》第57条规定："父母双方协议变更子女抚养关系的，人民法院应予支持。"

2.向人民法院起诉要求变更子女抚养关系。《最高人民法院关于适用〈中华人民共和国民法典〉婚姻家庭编的解释（一）》第55条规定："离婚后，父母一方要求变更子女抚养关系的，或者子女要求增加抚养费的，应当另行提起诉讼。"第56条规定："具有下列情形之一，父母一方要求变更子女抚养关系的，人民法院应予支持：（一）与子女共同生活的一方因患严重疾病或者因伤残无力继续抚养子女；（二）与子女共同生活的一方不尽抚养义务或有虐待子女行为，或者其与子女共同生活对子女身心健康确有不利影响；（三）已满八周岁的子女，愿随另一方生活，该方又有抚养能力；（四）有其他正当理由需要变更。"

九、子女抚养

第 77 问

离婚后，我能独自将孩子的户口从前夫处迁至我处并让孩子跟我姓吗？

1. 关于未成年子女户口迁出的问题

女方可以独自将未成年子女的户口从男方的户口迁出并迁至自己户口下。在办理户口迁出时，女方需要提供未成年子女的居民户口簿、居民身份证、出生医学证明、亲属关系材料、入户地的不动产权证书或宅基地证、入户地址的居民户口簿。户口迁移可以选择线上办理，也可以选择线下到入户地户政业务窗口办理。

2. 关于变更未成年子女姓氏的问题

女方不可以独自将未成年子女的姓氏变更为女方的姓氏，如需要变更未成年子女姓氏，在预约通过后，必须由子女的亲生父亲和亲生母亲同时到户政窗口现场签署同意变更、更正的声明，并携带子女的居民户口簿、居民身份证（16周岁以下免于审核）、出生医学证明、亲生父母双方的居民身份证、被跟随方即女方的居民户口簿以及亲属关系材料进行办理。如未成年子女已满8周岁,还需要子女本人到现场签署同意变更姓氏的声明。如子女已有居民身份证,还需要申领新身份证。

需要注意的是,办理以上事项所需的材料和流程,应以当地户政部门的具体要求为准。

十、财产继承

导读

您是否认为父母遗产"传男不传女"？您是否认为继承得来的财产只属于您个人所有？您是否认为非婚生子女无权继承父母的遗产？

我国法律规定，继承权男女平等，无论是儿子还是女儿，都是父母遗产的第一顺序继承人。

继承得来的财产不一定只属于您个人所有，属于个人所有还是夫妻共同所有，与继承的开始时间、继承形式、有无法定归个人所有的情形等因素有关。

非婚生子女与婚生子女享有同等的继承权，有权继承父母的遗产。

十、财产继承

第78问

我是女儿就要少分或者不分遗产吗?

《民法典》第1126条规定:"继承权男女平等。"第1127条第1、2款规定:"遗产按照下列顺序继承:(一)第一顺序:配偶、子女、父母;(二)第二顺序:兄弟姐妹、祖父母、外祖父母。继承开始后,由第一顺序继承人继承,第二顺序继承人不继承;没有第一顺序继承人继承的,由第二顺序继承人继承。"具体参见图10-1。

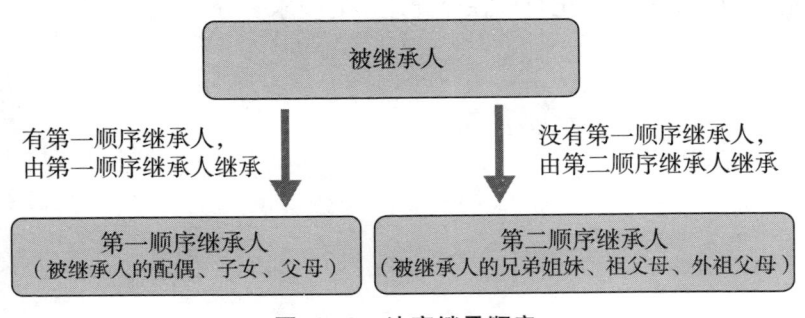

```
               被继承人
    ↓                        ↓
有第一顺序继承人,        没有第一顺序继承人,
由第一顺序继承人继承      由第二顺序继承人继承

第一顺序继承人           第二顺序继承人
(被继承人的配偶、子女、父母) (被继承人的兄弟姐妹、祖父母、外祖父母)
```

图10-1　法定继承顺序

《民法典》第1130条规定:"同一顺序继承人继承遗产的份额,一般应当均等。对生活有特殊困难又缺乏劳动能力的继承人,分配遗产时,应当予以照顾。对被继承人尽了主要扶养义务

或者与被继承人共同生活的继承人，分配遗产时，可以多分。有扶养能力和有扶养条件的继承人，不尽扶养义务的，分配遗产时，应当不分或者少分。继承人协商同意的，也可以不均等。"《妇女权益保障法》第58条第1款规定："妇女享有与男子平等的继承权。妇女依法行使继承权，不受歧视。"

由此可见，除非父母在订立遗嘱时指定遗产少分或不分给女儿，否则，无论女儿是否出嫁，只要是被继承人的子女，就可以作为第一顺序继承人继承父母的遗产。而且，除非女儿存在有赡养能力和有赡养条件却不赡养父母等依法应当不分或少分遗产的情形，否则，即使是女儿，也应当与其他同一顺序的继承人均等地继承遗产。当女儿对父母尽了主要赡养义务或者与父母共同生活照顾父母时，甚至可以在分配遗产时要求多分。

十、财产继承

第79问

继承得来的财产一定属于夫妻共同财产吗？

《民法典》第1121条第1款规定："继承从被继承人死亡时开始。"第1063条规定："下列财产为夫妻一方的个人财产：（一）一方的婚前财产；（二）一方因受到人身损害获得的赔偿或者补偿；（三）遗嘱或者赠与合同中确定只归一方的财产；（四）一方专用的生活用品；（五）其他应当归一方的财产。"经整理，继承得来的财产属于夫妻共同财产或个人财产的情形如表10-1。

表10-1 继承得来的财产的认定

婚前		夫妻关系存续期间	
法定继承	遗嘱继承	法定继承	遗嘱继承
婚前个人财产	婚前个人财产	一般为夫妻共同财产，法律另有规定除外。	除遗嘱确定只归一方的财产为个人财产外，其他财产为夫妻共同财产。

由此可见，继承得来的财产不一定属于夫妻共同财产，是否属于夫妻共同财产与继承开始的时间、继承类型以及是否有法律

规定归一方所有的情形有关。例如，女方父母在其婚前去世，即继承开始的时间在女方结婚前，虽然不动产物权变更以变更登记为准，但由于女方对父母遗产的继承权益在婚前已经固定，所以即使在婚后才将房产过户到女方名下，也属于婚前个人财产。

十、财产继承

第 80 问

我在丈夫去世后精心照顾公婆，公婆去世后我可以分得公婆的遗产吗？

《民法典》第1129条规定："丧偶儿媳对公婆，丧偶女婿对岳父母，尽了主要赡养义务的，作为第一顺序继承人。"见图10-2

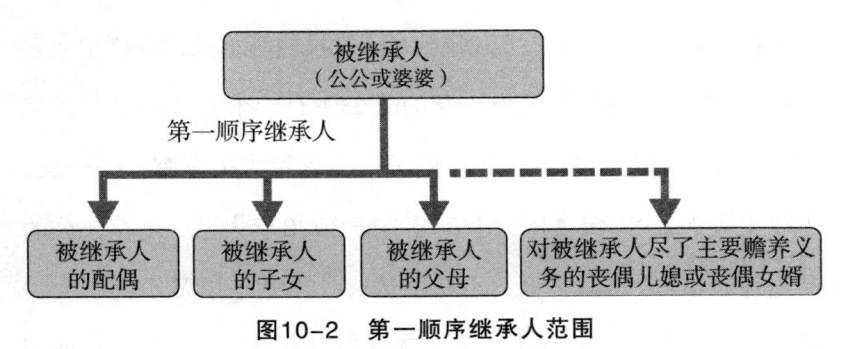

图10-2 第一顺序继承人范围

由此可见，如果有充足证据证明女方作为丧偶儿媳在丈夫身故后仍精心照顾公婆，尽了主要赡养义务，除公婆订立有遗嘱等情形外，女方可以在公婆身故后以公婆第一顺序继承人的身份对公婆的遗产进行法定继承。对公婆尽了主要赡养义务的证据包括但不限于照顾公婆日常生活起居的照片、录音、录像、证人证言、村（居）委会证明、医疗费用支付凭证等。

173

第 81 问

丈夫先于公婆去世，公婆去世后，我的孩子能继承公婆的遗产吗？

《民法典》第1128条第1款规定："被继承人的子女先于被继承人死亡的，由被继承人的子女的直系晚辈血亲代位继承。"同时该条第3款规定："代位继承人一般只能继承被代位继承人有权继承的遗产份额。"假设小花的公公生有一个儿子即小花的丈夫，以及一个女儿即小花的小姑子，小花和丈夫育有一子一女，小花丈夫于2020年去世，小花公公于2023年去世，小花公公的父母均于2000年前去世，小花的婆婆、小姑子以及小花和丈夫的一子一女仍在世，小花的丈夫及公公均没有订立遗嘱。在此假设中，小花公公的第一顺序继承人为其配偶即小花婆婆、其子女即小花丈夫和小姑子以及其父母即小花公公的父母，但因小花公公的父母先于公公去世，所以没有继承权利，因小花丈夫先于公公去世，所以本应由小花丈夫继承的份额由小花丈夫的子女代位继承。最终，有权继承小花公公遗产的继承人为：小花婆婆、小花小姑子、小花丈夫的儿子和女儿，其中，在没有应不分或少

十、财产继承

分遗产等特殊情形下,小花婆婆继承1/3遗产,小花小姑子继承1/3遗产,小花丈夫的儿子继承1/6遗产,小花丈夫的女儿继承1/6遗产,继承关系如图10-3所示。

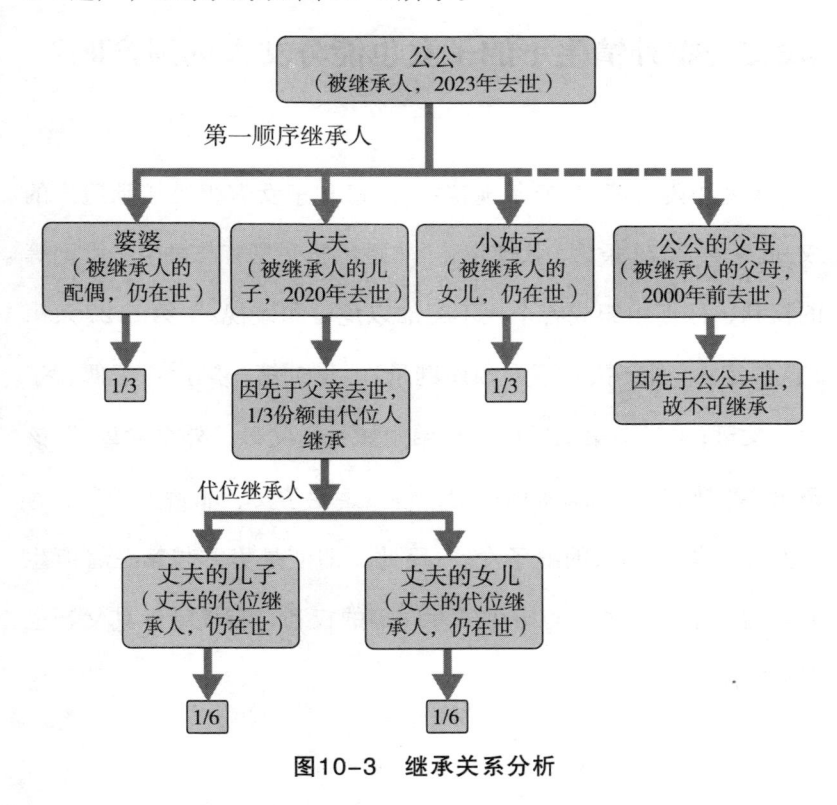

图10-3 继承关系分析

因此,小花的丈夫作为公婆的子女,先于公婆死亡的,其子女有权代位继承丈夫有权从公婆处继承的遗产份额,且丈夫的各子女均等代位继承。

第82问

我丈夫婚外情生下的子女也能分丈夫的遗产吗？

《民法典》第1070条规定："父母和子女有相互继承遗产的权利。"第1071条第1款规定："非婚生子女享有与婚生子女同等的权利，任何组织或者个人不得加以危害和歧视。"第1127条第1款规定："遗产按照下列顺序继承：（一）第一顺序：配偶、子女、父母；（二）第二顺序：兄弟姐妹、祖父母、外祖父母。"该条第3款规定："本编所称子女，包括婚生子女、非婚生子女、养子女和有扶养关系的继子女。"因此，即使是男方与第三者所生的非婚生子女，也有与婚生子女同等的权利，有权继承其父亲也即男方的遗产。

十、财产继承

第 83 问

丈夫去世前订立遗嘱由第三者继承其全部遗产，该遗嘱有效吗？

《民法典》第143条规定："具备下列条件的民事法律行为有效：（一）行为人具有相应的民事行为能力；（二）意思表示真实；（三）不违反法律、行政法规的强制性规定，不违背公序良俗。"第153条第2款规定："违背公序良俗的民事法律行为无效。"婚外情违反婚姻忠实义务，即使男方基于婚外情订立遗嘱将其所有的财产给第三者继承，其订立的遗嘱符合遗嘱要件形式，也将因违背公序良俗而导致订立遗嘱的民事法律行为无效，男方的遗产仍将由女方以及其他第一顺序继承人法定继承。

十一、其他权利

导读

您是否认为男尊女卑是社会常态？您是否还认为生不生、怎么生都要听从丈夫的意见？

我国法律规定男女平等，男尊女卑是陋习。《民法典》《妇女权益保障法》等法律法规从政治权利、文化教育权益、劳动和社会保障权益、财产权益、人身权利、婚姻家庭权益等各方面切实保障妇女权益，为妇女自由平等行使权利保驾护航，其中妇女享有生育自由和人身自由，生不生、怎么生应由您决定。

十一、其他权利

第84问

丈夫要求我只能在家照顾孩子，不准我外出工作，合法吗？

《民法典》第1055条规定："夫妻在婚姻家庭中地位平等。"第1057条规定："夫妻双方都有参加生产、工作、学习和社会活动的自由，一方不得对另一方加以限制或者干涉。"由此可见，我国法律规定，夫妻在婚姻家庭中享有平等地位，"男主外女主内"只是一种传统婚姻家庭模式，并非强制性要求。实际上，无论夫或妻一方，均有权自由选择婚姻家庭模式，可以"男主外女主内"，也可以"女主外男主内"，任何一方均有权自由选择参加生产、工作、学习和社会活动。如果男方要求女方只能在家照顾孩子，限制女方外出工作，则违反了《民法典》的规定。但应该注意的是，婚姻需要夫妻双方共同精心经营，这期间可能出现家庭需求和个人需求相矛盾的情况，夫妻双方应当相互忠实、诚信、尊重、包容，遇到矛盾时，应在平等沟通后缓和、解决矛盾，以此维系和谐、幸福的家庭。

第 85 问

我怀孕后丈夫要求打胎，如我不同意就要我赔偿，丈夫的要求合法吗？

《妇女权益保障法》第32条规定："妇女依法享有生育子女的权利，也有不生育子女的自由。"《最高人民法院关于适用〈中华人民共和国民法典〉婚姻家庭编的解释（一）》第23条规定，夫以妻擅自中止妊娠侵犯其生育权为由请求损害赔偿的，人民法院不予支持。因此，如女方怀孕了，可以自由决定是否生育。如女方想要生育，男方无权强制要求女方中止妊娠，更无权要求女方赔偿。反之，如女方怀孕后因不想生育决定打胎，也无须经男方同意，即使其不同意也不能要求女方向其支付损害赔偿。应当注意的是，生育与否对于婚姻以及妇女自身健康而言意义重大，妇女应当在行使自由决定权的同时审慎思考。

十一、其他权利

第 86 问

分娩时，丈夫家人不同意我打无痛，我可以拒绝吗？

分娩时，如果丈夫家人不同意您打无痛分娩，您有权拒绝他们的意见并自己作出决定。

《民法典》第18条第1款规定："成年人为完全民事行为能力人，可以独立实施民事法律行为。"同时，《民法典》第1219条规定："医务人员在诊疗活动中应当向患者说明病情和医疗措施。需要实施手术、特殊检查、特殊治疗的，医务人员应当及时向患者具体说明医疗风险、替代医疗方案等情况，并取得其明确同意；不能或者不宜向患者说明的，应当向患者的近亲属说明，并取得其明确同意。医务人员未尽到前款义务，造成患者损害的，医疗机构应当承担赔偿责任。"据此，产妇是知情同意权的最基本和最重要的主体。

产妇作为完全民事行为能力人，有权独立、自主地要求医疗机构为其提供分娩镇痛服务。《民法典》第110条第1款规定："自然人享有生命权、身体权、健康权、姓名权、肖像权、名誉权、荣誉权、隐私权、婚姻自主权等权利。"分娩疼痛的烈度在人体疼痛中位于前列，属于剧烈疼痛，世界卫生组织将疼痛确定为继血压、呼吸、脉搏、体温之后的第五大生命体征。因此，免于分娩疼痛属于健康权、生命权等基本人权。

《医疗机构管理条例》第32条规定："医务人员在诊疗活动中应当向患者说明病情和医疗措施。需要实施手术、特殊检查、特殊治疗的，医务人员应当及时向患者具体说明医疗风险、替代医疗方案等情况，并取得其明确同意；不能或者不宜向患者说明的，应当向患者的近亲属说明，并取得其明确同意。因抢救生命垂危的患者等紧急情况，不能取得患者或者其近亲属意见的，经医疗机构负责人或者授权的负责人批准，可以立即实施相应的医疗措施。"因此，在产妇本人意识清醒、能够表示真实意思的情况下，医院仅需征得产妇本人书面同意即可实施无痛分娩，并非必须征得家属同意。

尽管法律赋予了产妇决定无痛分娩的权利，但在实际操作中，由于医患关系紧张、医疗资源紧缺等原因，部分医疗机构可能会要求产妇和家属共同签字才实施无痛分娩。此时，产妇可以积极与医疗机构沟通，明确表达自己的意愿和权利，并寻求法律支持。

综上所述，产妇有权拒绝丈夫家人对无痛分娩的反对意见，并独立作出自己的决定。同时，产妇也应充分了解无痛分娩的相关知识，以便在作出决定时更加明智和自信。

十一、其他权利

第 87 问

外嫁女还能享受村里的宅基地使用权吗?

《妇女权益保障法》第56条第1款规定:"村民自治章程、村规民约,村民会议、村民代表会议的决定以及其他涉及村民利益事项的决定,不得以妇女未婚、结婚、离婚、丧偶、户无男性等为由,侵害妇女在农村集体经济组织中的各项权益。"《关于进一步加快宅基地和集体建设用地确权登记发证有关问题的通知》第8条规定,依法维护农村妇女和进城落户农民的宅基地权益。农村妇女作为家庭成员,其宅基地权益应记载到不动产登记簿及权属证书上。农村妇女因婚嫁离开原农民集体,取得新家庭宅基地使用权的,应依法予以确权登记,同时注销其原宅基地使用权。宅基地权益有较强的身份属性,一般情况下由同一农民集体内的村民享有。因此,外嫁女还能否享受村里的宅基地权益,关键在于其是否离开了原农民集体。外嫁后将户籍迁至其他农民集体的,则不再享有原农民集体宅基地权益;外嫁后户籍仍在原农民集体的,则仍可享有原农民集体宅基地权益。

第 88 问

集体组织收益中的土地拆迁款只分给男性不分给女性合法吗？

《妇女权益保障法》第55条第1款规定："妇女在农村集体经济组织成员身份确认、土地承包经营、集体经济组织收益分配、土地征收补偿安置或者征用补偿以及宅基地使用等方面，享有与男子平等的权利。"第56条第1款规定："村民自治章程、村规民约，村民会议、村民代表会议的决定以及其他涉及村民利益事项的决定，不得以妇女未婚、结婚、离婚、丧偶、户无男性等为由，侵害妇女在农村集体经济组织中的各项权益。"《最高人民法院关于为实施乡村振兴战略提供司法服务和保障的意见》第37条规定："依法妥善处理农村集体经济组织成员资格问题，保护农民基本财产权利。充分认识集体经济组织成员资格对农民享有土地承包经营权、宅基地使用权和集体收益分配权等基本财产权利的重要意义，审慎处理尊重村民自治和保护农民基本财产权利的关系，防止简单以村民自治为由剥夺村民的基本财产权利。不断加强与农村农业管理部门、土地管理部门等单位的沟通协作，依

十一、其他权利

法依规保护农村外嫁女、入赘婿的合法权益。"

拥有农村集体经济组织成员资格的妇女,与同一农村集体经济组织的其他男成员享有平等的权利,无论是在土地权益,还是集体收益等各项权益的分配中,都不得歧视妇女。因此,如果村集体在分配土地拆迁款等集体收益时因是女性而不分或少分,属违法行为,即使该村集体通过村规民约约定集体收益对妇女不分或少分,该村规民约也因违反法律法规强制性规定而无效,该行为仍属违法行为。

图书在版编目（CIP）数据

从零开始学法律. 妇女法律常识 88 问 / 杜绮琪，郑婷婷著. -- 北京：中国法制出版社，2025.1
ISBN 978-7-5216-4335-0

Ⅰ．①从… Ⅱ．①杜… ②郑… Ⅲ．①法律－基本知识－中国 Ⅳ．① D920.4

中国国家版本馆 CIP 数据核字（2024）第 052026 号

策划编辑：成知博（chengzhibo@zgfzs.com）
责任编辑：黄丹丹　　　　　　　　　　　　　　　封面设计：杨鑫宇

从零开始学法律. 妇女法律常识 88 问
CONG LING KAISHI XUE FALÜ. FUNÜ FALÜ CHANGSHI 88 WEN

著者 / 杜绮琪　郑婷婷
经销 / 新华书店
印刷 / 三河市国英印务有限公司
开本 / 880 毫米 ×1230 毫米　32 开　　　　　印张 / 6.25　字数 / 58 千
版次 / 2025 年 1 月第 1 版　　　　　　　　　2025 年 1 月第 1 次印刷

中国法制出版社出版
书号 ISBN 978-7-5216-4335-0　　　　　　　　　　　　　　定价：29.80 元

北京市西城区西便门西里甲 16 号西便门办公区
邮政编码：100053　　　　　　　　　　　　传真：010-63141600
网址：http://www.zgfzs.com　　　　　　　编辑部电话：010-63141812
市场营销部电话：010-63141612　　　　　印务部电话：010-63141606
（如有印装质量问题，请与本社印务部联系。）